DIESTERWEGS
NEUSPRACHLICHE
BIBLIOTHEK

MARIE-AUDE MURAIL

Au bonheur des larmes

Roman

Texte présenté et annoté par
Edeltraud Jakwerth-Reyer
et Wilma Melde

VERLAG MORITZ DIESTERWEG
Frankfurt am Main

Umweltschonendes Papier
weil zu gleichen Teilen aus
Altpapier • chlorfrei gebleichten Primärfasern

Neue Rechtschreibung

ISBN 3-425-04197-5

Umschlagabbildung: Verlag Moritz Diesterweg, Frankfurt/M.
Satz: Publishing Service H. Schulz, Dreieich
Druck und Binden: graphoprint, Koblenz

Printed in Germany

Marie-Aude Murail

Qui est cette femme qui a écrit une trentaine de livres pour les jeunes de sept à dix-sept ans? Elle voyage d'écoles en bibliothèques en France et dans d'autres pays d'Europe partout où les enfants aiment lire ou écouter quand on leur lit une histoire.

Marie-Aude Murail est née au Havre en 1954. Attirée très jeune par la littérature, elle a fait des études de lettres et obtenu un doctorat. Mère de deux garçons et d'une fille, elle est inspirée par ses enfants et puise dans ses souvenirs d'enfance pour écrire ses livres.

Elle fait rire et pleurer en inventant des histoires invraisemblables comme *L'oncle Giorgio* allergique aux enfants qui doit quand même s'occuper de sa nièce et de son neveu sans les voir et sans les respirer, des histoires drôles comme *Le Hollandais sans peine* où un garçon crée et apprend une nouvelle langue.

Dans la série «Emilien» pour les jeunes de quinze ans, elle présente un héros qui gagne son argent de poche en faisant du baby-sitting *(Baby-sitter Blues)* ou en travaillant comme moniteur dans une colonie de vacances *(Au bonheur des larmes).* Ses aventures et expériences font rire et pleurer comme si c'était la vraie vie.

La colonie de vacances

En France, les élèves ont beaucoup de vacances: dix semaines en été et deux semaines toutes les sept semaines (à la Toussaint, à Noël, en février et à Pâques).

C'est très agréable pour les élèves mais très difficile pour les parents qui n'ont que cinq semaines de vacances. Alors quoi faire avec des enfants qui s'ennuient à la maison quand leurs parents travaillent? Ils vont en colonie de vacances!

Cette institution typiquement française permet aux parents d'envoyer leurs enfants à la mer ou à la montagne. Ils y sont logés, nourris et encadrés par des moniteurs et monitrices. Souvent ils y pratiquent une ou plusieurs activités sportives à un prix modéré et vivent en groupe avec des jeunes de leur âge.

1

J'ai deux spécialités culinaires, les chaussons aux pommes et les crêpes. De l'avis général, mes chaussons aux pommes feraient partie des espèces nuisibles au même titre que les charançons. Ils auraient une nette tendance à s'attaquer au système digestif. Mes crêpes sont seulement immangeables. J'avais donc choisi de faire des crêpes.

– Tu ne veux pas que j'apporte mon gâteau au yaourt? m'avait gentiment proposé Martine-Marie.

Martine-Marie, c'est ma copine. Dans cinq ans, on se marie. J'espère que d'ici là elle se sera trouvé un autre livre de cuisine. Son gâteau au yaourt m'a toujours fait penser au ciment à prise rapide.

– D'accord, avais-je répondu pour ne pas la vexer.

– Ou si tu préfères mon clafoutis aux poires?

Là, ce n'est plus du ciment, c'est du béton armé.

– Le yaourt suffira, merci.

Maman était un peu inquiète, le soir de ma «réception».

– Mais ce n'est pas une réception, maman! C'est une réunion de travail. On va préparer la colo.

– Combien serez-vous?

– Ben, Martine-Marie et moi, ça fait deux. Xavier Richard, trois. Sa copine Bella, quatre. Il y a Maud, une fille que je ne connais pas, cinq. La directrice, qui s'appelle Christiane Montcouvert, six. Et Christophe, sept.

1 **le chausson aux pommes** Apfeltasche 2 **de l'avis général** nach allgemeiner Ansicht, allgemein 2 **faire partie de qch** zu etwas gehören 3 **une espèce nuisible** schädliche Art, Sorte 3 **au même titre que** de la même manière que (ebenso wie) 3 **le charançon** Rüsselkäfer, Kornwurm 4 **avoir une tendance à** Neigung zu etwas haben 14 **le système digestif** Verdauungssystem 11 **le ciment** Zement 11 **à prise rapide** schnell festwerdend 13 **vexer qn** jdn ärgern 14 **le clafoutis aux poires** *Süßspeise aus Eierkuchenteig und Birnen* 15 **le béton armé** Stahlbeton 17 **inquiet,ète** beunruhigt 18 **la réunion de travail** Arbeitstreffen

– Tu t'entends bien avec Christophe? s'étonna ma mère.

– Il me tape sur les nerfs. Mais on est ensemble pour travailler. On garde ses sentiments pour soi.

Maman sourit avec cet air de fausse admiration qu'elle prend quand elle pense que je ne connais rien à la vie mais qu'il sera toujours bien temps que je sache.

– C'est quand même drôle que tu deviennes moniteur, me dit-elle encore, tu n'as jamais voulu aller en colonie.

Je suis resté interloqué. Les colonies de vacances m'ont toujours fait horreur.

– Oui, mais là, ce n'est pas pareil, balbutiai-je, là, je suis le chef ...

Maman s'est mise à rire.

– Bon, je te laisse avec tes amis, m'a-t-elle dit en s'éloignant, au revoir, chef!

Elle a dû sentir que je n'allais plus très bien. Elle a fait un pas vers moi.

– Tu seras parfait en moniteur, Émilien. Tu auras tous les enfants à tes basques. Tu as le chic pour ça.

À ce moment-là, la sonnerie a retenti. C'était Xavier.

– Bonsoir, madame.

– Bonsoir, Xavier. Comment va Bella?

Maman s'est éclipsée sans attendre la réponse. Xavier a claqué la langue.

– «Bonsoir, Xavier. Comment va Bella?» C'est vraiment la classe, ta mère. Elle est super!

– Supermoche.

Personne n'a le droit de trouver ma mère super.

2 **taper sur les nerfs de qn** *(fam.)* jdm auf die Nerven gehen 5 **il sera toujours bien temps que** ... dass es noch Zeit hat ... 6 **que je sache** subjonctif de savoir **que tu deviennes** subjonctif de devenir 7 **le moniteur, la monitrice** personne qui dirige les activités d'un groupe d'enfants 9 **interloqué,e** stutzig, aus der Fassung gebracht 11 **balbutier** stottern 14 **s'éloigner (en s'éloignant)** sich entfernen (indem sie sich entfernt) 18 **avoir qn à ses basques** *(f.) (fam.)* jdn an seinen Rockschößen haben 19 **avoir le chic pour qch** Fähigkeit für etwas haben 20 **la sonnerie** (Tür-)Klingel 20 **retentir** ertönen, erklingen 23 **s'éclipser** (fam.) verschwinden, abhauen

– Elle fait dix ans de moins que la mienne, a renchéri Xavier.

– Si tu vas chercher les cas désespérés ...

Xavier a soulevé l'assiette sous laquelle mes crêpes étaient censées se tenir au chaud.

– Tu as mis de la confiture entre les crêpes? m'a-t-il demandé.

– Non, pourquoi?

– Elles ne se décollent plus.

– Eh bien, on fera des parts.

Xavier n'a plus rien dit. Il valait mieux. Je l'aurais mordu. Ding dong, a fait la sonnerie.

– Ça, c'est Martine-Marie, dis-je, soulagé.

C'était Maud. Je l'ai tout de suite reconnue parce que c'était la seule que je ne connaissais pas.

– Bonjour, dis-je.

– Plutôt bonsoir.

– Oui, plutôt.

– Plus tôt? Je suis en retard?

– Non, plutôt bonsoir. Plutôt bonsoir que bonjour.

– Ah!

On était faits pour se comprendre.

– Moi, c'est Maud.

– Ah bon?

– Et toi?

– Moi, ça va.

Elle rit.

– Mais comment tu t'appelles?

– Ah oui: Pardini. Émilien, quoi.

Xavier arrivait dans mon dos et au même moment, ding dong. C'était Martine-Marie.

– J'ai fait les deux, me dit-elle d'un ton satisfait.

Elle posa le gâteau au yaourt sur la table, boum. Et le clafoutis aux poires, schploum.

1 **renchérir** übertreiben 2 **un cas désespéré** ein hoffnungsloser Fall 4 **censé,e** betrachtet, angesehen als 8 **se décoller** sich ablösen 10 **mordre** (p.p. **mordu**) beißen 12 **soulagé,e** erleichtert

– J'ai du Coca, annonça Maud, du «light». C'est moins calorique.

– Ah oui? a dit Xavier, le ton poli.

– Oui, ça a absolument le même goût mais c'est fait avec de l'édulcorant.

– Ah bon? a poursuivi Xavier, toujours prodigieusement intéressé.

– Les édulcorants, ça dépend. Il y en a qui sont amers. Mais l'aspartam, par exemple, ça n'a pas de goût.

– Pas possible! dis-je entre mes dents.

Reding dong, fit la sonnerie. Bella entra. Nous étions tous tassés devant la porte mais Bella n'a regardé que Maud.

– Bonsoir, a dit l'une.

– Bonsoir, a dit l'autre.

– On se fait la bise?

Et mm et mm, deux bisous dans le vide.

– Et moi, alors, je peux faire la bise? a dit Xavier qui se croyait drôle.

Reding dong. Christiane Montcouvert avec Christophe.

– Nous sommes tous là? a demandé Christiane.

On a fait «ouiii» comme à Guignol et on s'est assis. Tout le monde disait: «Je prends les coussins, ça m'est égal.» Je me suis retrouvé dans le seul fauteuil. Je n'ai pas osé l'offrir à la directrice pour ne pas faire trop vieille France. Moyennant quoi, Christiane Montcouvert s'est assise par terre en déclarant:

– Autant s'habituer tout de suite à la dure. Le centre d'Argilly, ce n'est pas le Club Méd.

Et elle m'a regardé pour bien me faire comprendre que j'allais devoir changer mes habitudes de cadre sup'.

5 **l'édulcorant** (m.) Süßstoff 6 **prodigieusement** ungewöhnlich, erstaunlich 8 **amer, amère** bitter 9 **l'aspartam** künstlicher Süßstoff 11 **être tassé,e** zusammengedrängt sein 21 **comme à Guignol** (m.) wie im Kasperletheater 22 **le coussin** Kissen 24 **faire vieille France** altmodisch erscheinen 24 **moyennant** mittels, mit Hilfe, durch 24 **moyennant quoi** wodurch (hier:) deswegen, infolgedessen 29 **le cadre sup(érieur)** der Angestellte in Führungsposition

– Alors, vous avez un ordre du jour? a-t-elle ensuite demandé.

Comme elle me regardait toujours, je me suis cru forcé de répondre:

– Heu, oui, il y a les crêpes et le gâteau au yaourt …

Ils ont tous éclaté de rire. Je me suis dépêché d'en faire autant pour qu'on croie que j'avais fait exprès de confondre l'ordre du jour avec le menu du même nom. Martine-Marie a sorti un petit papier de sa poche. C'était l'ordre du jour.

– Il faudrait dire deux mots du centre d'Argilly, commença-t-elle, et que chacun présente son projet pédagogique. Et puis parler des cas sociaux et des deux handicapés.

Xavier a sursauté:

– Deux handicapés! On avait dit «un» et pas trop handicapé. Et c'est quoi, les cas sociaux?

– Xavier, tu exagères! a répliqué Martine-Marie, les joues pivoine, nous sommes sept pour 45 enfants. Nous pouvons très bien accueillir deux handicapés. Dans les cas sociaux, il y a simplement un petit garçon qui est phobique, un frère et une sœur de l'Assistance, une …

– Mais ce n'est plus une colo, c'est un hospice! a hurlé Xavier, j'aurais dû m'en douter du moment que Martine-Marie s'en mêlait.

– Figure-toi que les blondinets du seizième arrondissement ne vont pas en centre maternel à trois ans! a crié Martine-Marie.

J'étais là, bouche bée. Je croyais qu'on allait manger des crêpes en se disant des choses gentilles. Alors, j'ai repensé au sourire de maman.

1 **l'ordre du jour** Tagesordnung 5 **éclater de rire** in Lachen ausbrechen 6 **confondre** verwechseln 11 **le cas social** Sozialfall 11 **le handicapé** Behinderte 12 **sursauter** aufspringen, aufschrecken 16 **la pivoine** Pfingstrose (ici:) rouge comme une pivoine 18 **être phobique** krankhafte Angst haben 19 **l'Assistance** (f.) Sozialfürsorge 20 **un hospice** Hospiz, Waisen-/Altersheim 21 **se douter de qch** etwas ahnen 22 **se mêler de** sich einmischen 23 **le blondinet** le petit blond 23 **le seizième arrondissement** 16. Bezirk in Paris (als wohlhabend, großbürgerlich angesehen) 25 **la bouche bée** la bouche grande ouverte de surprise

– Du calme, a dit Christiane, de toute façon, on n'a pas encore décidé de prendre les handicapés. Il faut que l'équipe se sente capable de les intégrer. Personnellement, je crois que ce serait une expérience humaine importante. Il y aurait à accueillir un enfant autiste de huit ans et un mongolien de six ans.

– Et en plus le phobique, a grommelé Xavier.

– Il a peur de l'eau, a riposté Martine-Marie, on n'est pas obligés de l'emmener à la piscine le jour de son arrivée!

– Qu'est-ce que c'est, «autiste»? a demandé Maud, du bout des lèvres, avec la peur visible que ce ne soit contagieux.

– Il ne parle pas, a répondu Christiane, il passe ses journées à tourner sur lui-même comme une toupie. Mais il ne pose pas de problèmes particuliers. Sauf à table, parce qu'il préfère manger par terre.

Il y eut un silence tellement froid que mes crêpes durent s'agglutiner définitivement l'une à l'autre pour se tenir chaud.

– S'il ne pose pas de problèmes, dis-je d'une voix molle, il n'y a pas de raison ...

Martine-Marie me jeta un regard de reconnaissance. Christiane Montcouvert profita du gel momentané de l'auditoire pour présenter le centre d'Argilly. C'était en Bourgogne, à dix kilomètres de Nuits-Saint-Georges. J'ai fait: «ah tiens», comme tout le monde, en me demandant si c'était au sud ou au nord de la Loire. Le centre fonctionnait comme pensionnat durant l'année scolaire et hébergeait des colonies pendant l'été.

– J'y suis déjà allée l'année dernière, poursuivit Christiane, il y a plusieurs bâtiments. C'était autrefois une ferme importante et on a fait des chambres dans les étables. C'est très pittoresque.

Comme je commençais à savoir décoder le langage de la directrice, je compris que «pittoresque» signifiait sans salle de bains. Christiane reprit:

5 **autiste** autistisch 5 **le mongolien** „Mongoloide" (Mensch mit Down-Syndrom 6 **grommeler** murmeln, brummen 7 **riposter** lebhaft erwidern, antworten 10 **contagieux,-euse** ansteckend 12 **la toupie** Kreisel 16 **s'agglutiner** zusammen-, ankleben 19 **la reconnaissance** Dankbarkeit 20 **le gel momentané** (hier:) vorübergehende Starre, Sprachlosigkeit 28 **l'étable** (f.) Stall 28 **pittoresque** malerisch

– Nous aurons des enfants entre trois et sept ans. L'originalité du centre, c'est qu'il est «à la carte». Ce sont des tout-petits, donc ils peuvent rester seulement une ou deux semaines.

Je regrettai intérieurement que cette clause ne concerne pas aussi les moniteurs. Car plus la réunion se déroulait et plus je me sentais tout-petit.

Pour terminer, la directrice souligna à quel point il était nécessaire qu'il y eût entre nous «un consensus pédagogique et une complémentarité des apports». Tout le monde hocha la tête en signe d'approbation. Moi, je regardais mes crêpes en me demandant si elles étaient réellement complémentaires par rapport au clafoutis.

– Je vous laisse la parole, dit Christiane, peut-être que Maud …

Maud se lança:

– Moi, je viens surtout comme assistante sanitaire. J'ai mon brevet de secouriste. Je tiendrai l'infirmerie.

– Je vais tâcher d'attraper la grippe, me souffla Xavier.

Je haussai les épaules. J'avais déjà jugé Maud. C'est le genre qui a mal au cœur dès qu'elle monte en voiture; donc, il faut lui laisser le siège de devant. Après Maud, Christophe prit la parole pour expliquer que lui, c'était plutôt le sport qui le branchait, alors, heu, poney, piscine, heu. Voilà. Martine-Marie avait l'intention de monter un atelier d'expression corporelle. Xavier voulait organiser des visites touristiques. (Je les vois d'ici, ses sorties culturelles: night-club de Nuits-Saint-Georges, discothèque de Nuits-Saint-Georges …) Bella avait, quant à elle, des ambitions artistiques: technique du pompon, découverte de la pâte à sel et initiation au collier de perles (de différentes grosseurs). Je me suis alors rendu compte que tout le monde attendait mon projet pédagogique. À ma grande consternation, je m'aperçus que je n'en avais pas.

– Je … je ferais des cabanes, balbutiai-je.

Je n'ai encore jamais planté un clou de ma vie. Mais «faire des cabanes» m'était apparu sur le moment comme ma seule

4 **la clause** Klausel, Bedingung 9 **l'apport** (m.) Beitrag, Anteil 10 **l'approbation** (f.) Zustimmung 11 **par rapport à** im Verhältnis zu, in Beziehung zu 15 **l'infirmerie** (f.) Krankenstation, -zimmer 17 **juger qn** jdn beurteilen 20 **brancher qn** (hier:) jdn interessieren 26 **la technique du pompon** Troddelherstellung 29 **la consternation** Bestürzung, Betroffenheit 32 **la cabane** Hütte

planche de salut. Ce qui était sûr, à minuit moins le quart, c'est que plus personne ne me demanderait de faire des crêpes.

– Bonsoir, Émilien!

– Salut tout le monde!

***

Une seule chambre à Argilly avait été refaite récemment avec moquette et papier à fleurs. J'étais certain qu'elle reviendrait à Maud pour une raison quelconque. Et en effet, elle lui revint parce qu'elle était à côté de l'infirmerie. Ainsi Maud pourrait veiller nuit et jour sur ses petits malades. (On est prié de verser un pleur). Moi qui n'avais besoin de veiller sur rien, on me logea avec Christophe et Xavier dans une espèce d'étable badigeonnée à la hâte où l'on voyait encore les anneaux pour attacher les vaches.

– Il ne faut pas qu'on se plaigne, dis-je, ils ont enlevé le foin la semaine dernière.

– Ah bon? a dit Christophe.

On aurait pu faire avaler n'importe quoi à Christophe, sauf peut-être que la pataugeoire en plastique sur la pelouse était une «piscine».

– Et attends d'avoir vu les poneys, s'esclaffa Xavier, ils sont au moins centenaires!

– Avec des tifs plein les yeux, ajoutai-je, et le râtelier qui fout le camp!

Hihihoho. Nous nous gondolions sur nos lits qui se gondolaient tout autant, tandis que les ressorts, eux, grinçaient des dents.

Notre premier repas d'équipe fut très calme, les enfants ne commençaient à arriver que le lendemain.

6 **la moquette** Teppichboden 7 **pour une raison quelconque** aus irgendeinem Grund 9 **veiller sur qn** jdn bewachen 11 **une espèce de** eine Art von 12 **badigeonner** tünchen, weißen 12 **à la hâte** schnell, in Eile 14 **le foin** Heu 17 **avaler qch** etwas herunterschlucken 18 **la pataugeoire** Planschbecken 20 **s'esclaffer** schallend lachen 22 **les tifs** (m. pl.) (arg.) Haare 22 **le râtelier** das Gebiss 25 **le ressort** Feder (einer Matratze) 25 **grincer des dents** (f.) mit den Zähnen knirschen

– Salade de tomates, rôti de porc, gratin de bettes et flan au caramel, énuméra Maud en s'asseyant, j'ai horreur des bettes.

Maud découvrit ensuite que la salade manquait de sel, qu'il n'y avait pas de moutarde pour le rôti et que l'eau avait goût de Javel la Croix.

– Il faudra qu'on s'achète des biscuits pour le cinquième repas, conclut Maud en repoussant son assiette.

Elle nous apprit alors qu'elle n'avait pas trouvé son oreiller, seulement un polochon dur comme du bois, et que le robinet de sa chambre gouttait. Ma grand-mère a un mot pour qualifier ce genre d'individus. Elle dit:

– Ce qu'elle a, c'est qu'elle est personnelle.

– Je n'ai pas pris de réveil, reprit Maud, et je ne peux pas ouvrir l'œil, le matin …

– Il faudra pourtant se lever à sept heures, demain, lui signala Christiane avec un sourire indulgent.

– Oh, je n'y arriverai pas! s'écria Maud. Xavier, ça t'ennuierait de frapper à ma porte à sept heures moins le quart?

– Tu ne veux pas qu'il te joue du violon aussi? susurra Bella. Il paraît que c'est comme ça qu'on réveillait Montaigne …

Maud rit en cascade. Ah oui, ce serait drôle, mais plutôt le soir, pour la bercer. Maud avait décidé de s'annexer Christophe et Xavier, comme une chose allant de soi. Elle fit même une tentative de mon côté.

– Émilien, ça t'ennuierait de me passer le sucre, derrière toi?

Le sucre était bien derrière moi, mais deux tables plus loin. Ce qui impliquait que je me lève.

– Ça m'ennuierait, répondis-je.

– Bon, demain matin, déjeuner à 7 heures 30, annonça Christiane. Premières arrivées à 8 heures. On installe les enfants, on vide la valise avec eux et on les aide à faire leur lit.

1 **le rôti de porc** Schweinebraten 1 **le gratin de bettes** überbackener Mangold 4 **la moutarde** Senf 5 **Javel la Croix** *antiseptische Lösung* 9 **le polochon** Schlummerrolle 16 **indulgent,e** nachsichtig 19 **susurrer** flüstern, säuseln 21 **la cascade** Wasserfall 22 **bercer qn** jdn wiegen 22 **s'annexer qn** annektieren, in Besitz nehmen 24 **la tentative** Versuch 27 **impliquer** zur Folge haben

Attention! On doit encourager l'autonomie chez les enfants et ne pas faire les choses à leur place.

L'autonomie, c'était notre consensus pédagogique.

***

Le premier être autonome qui me fut confié le lendemain matin venait d'avoir trois ans. Il cachait son visage dans la robe de sa maman tandis que son papa, désemparé, lui disait:

– Hein, tu vas être bien, ici? Regarde! Il y a même … des lits, des chaises, tout ça …

Je m'accroupis près du petit autonome:

– Comment tu t'appelles? Moi, c'est Émilien …

– J'aime pas les Milien.

– Il est timide, dirent en chœur ses parents, il s'appelle Guillaume.

J'aidai le père à vider la valise, tout en m'extasiant sur la brosse à dents à musique, le tee-shirt avec Winni l'Ourson, les lacets de couleur et le nounours dépenaillé:

– Tousse pas mon Martin! hurla Guillaume en me l'arrachant des mains.

– Il … il est timide, répéta le papa, de plus en plus désarçonné, c'est la première fois qu'il nous quitte si longtemps et pour aller avec des inconnus …

Je regardai le père avec des yeux effarés. Il faisait exprès?

– C'est une épreuve pour lui, dit-il, d'un ton pénétré.

Là-dessus, Guillaume éclata en sanglots. Sa mère le pressa sur son cœur:

– Mon chéri, mon petit bébé. Mais ce ne sera pas long du tout …

Le père s'assombrissait de plus en plus. Je vis le moment où j'allais devoir le bercer, lui aussi.

4 **confier qn** jdm anvertrauen 6 **désemparé,e** ratlos 9 **s'accroupir** sich niederbeugen, -hocken 14 **s'extasier** in Bewunderung ausbrechen 15 **le lacet** Schnürsenkel 16 **le nounours** Teddybär (Kindersprache) 16 **dépenaillé,e** zerschlissen 19 **désarçonné,e** aus der Fassung gebracht 22 **effaré,e** fassungslos, erschreckt 22 **avec des yeux effarés** mit vor Schreck geweiteten Augen 23 **pénétré,e** durchdrungen, überzeugt 28 **s'assombrir** düster werden, sich verfinstern

Christiane Montcouvert passa la tête par la porte:

– Ça va? lança-t-elle joyeusement.

– Très bien, répondis-je, nous sommes en route vers l'autonomie.

Les adieux durèrent trois bons quarts d'heure au cours desquels nous connûmes tous les stades du désespoir humain. Enfin, je me souvins que j'avais des sucettes dans mon sac à dos.

– À la cerise? me demanda Guillaume.

– C'est possible. Ou à la fraise.

La chose demandait vérification. Guillaume me prit la main et planta ses parents avec la plus totale désinvolture. Ceux-ci errèrent encore une bonne demi-heure dans les locaux, interrogeant la directrice, visitant l'infirmerie, lisant mélancoliquement le menu du jour. Pour finir, ils durent remonter en voiture.

Guillaume, qui s'était trouvé un copain, refusa de venir les embrasser.

–Émilien! cria Christiane, voici Vanessa et sa grand-mère … 2.

Vanessa avait sept ans.

– Cela m'ennuyait qu'elle vienne, me dit la grand-mère, elle ne pourra pas faire son violon, ici.

Vanessa prit un air des plus contrariés.

– Enfin … Elle m'a promis de réviser son anglais une demiheure par jour, n'est-ce pas, Vanessa?

Vanessa me regarda en plein dans les yeux puisqu'elle était censée m'en ficher plein la vue.

– Je ne sais pas si je pourrai m'isoler pour travailler, me ditelle d'un ton minaudier.

– Il y a toujours les chiottes, répondis-je.

7 **la sucette** Lutscher 11 **demander vérification** eine Überprüfung verlangen 12 **la désinvolture** Ungezwungenheit 13 **errer dans** herumirren 22 **contrarié,e** unzufrieden, ärgerlich 25 **être censé,e** (ici:) normalement, comme d'habitude 26 **ficher plein la vue** (fam.) den Blick verdecken 28 **minaudier,ière** geziert, affektiert, (fam.) affig 29 **les chiottes** (f., arg.) Toilette, (arg.) Scheißhaus

La grand-mère eut un haut-le-corps. Il y a des gens qui prennent la moindre blague pour un affront. Je me rattrapai aux branches:

– On va mettre Vanessa dans une chambre de deux avec une petite fille bien calme.

– «Une petite fille», dit Vanessa en pinçant les lèvres.

– Pas trop bébé, quand même, me précisa sa grand-mère, Vanessa ne supporterait pas.

Et pour être sûre que j'aie bien compris, ella ajouta:

– Elle est beaucoup plus mûre que ses sept ans.

Cette fois-ci, je hochai la tête en prenant un air de compréhension admirative. C'était la seule manière de s'en sortir.

On installa donc Petite Princesse dans sa chambre, on fit le lit de Petite Princesse, on suspendit les robes de Petite Princesse à des cintres.

– Je mets tes échecs ici, dit la grand-mère qui s'adressa à moi: elle se bat contre l'ordinateur …

– Ah, oui? dis-je, terriblement impressionné.

– Je lui ai apporté un puzzle de 600 pièces, me dit encore la mémé, ravie d'avoir trouvé un auditoire.

– Très bonne idée, dis-je, c'est une activité particulièrement recommandée en colonie. Mais je ne vois pas le maillot de bain?

– Ah non! rugit Vanessa, la piscine m'abîme les cheveux.

Elle avait des cheveux noirs, superbes, qu'elle rejeta dans son dos. La grand-mère la couva du regard comme si elle l'avait pondue.

– Cela m'ennuie qu'elle perde deux semaines ici, me dit-elle, c'est son père … Il a une obsession: mettre Vanessa en collectivité. Je n'ai rien contre la collectivité. Pour certains enfants, c'est sûrement très bien.

1 **avoir un haut-le-corps** auffahren, einen Ruck machen 2 **la blague** Scherz 2 **un affront** Beleidigung 2 **se rattraper aux branches** sich wiedereinfinden 8 **supporter qch** etwas ertragen 10 **mur, mûre** reif 14 **suspendre qch** etwas aufhängen 16 **les échecs** (m.) Schachspiel 20 **ravi,e** entzückt 23 **rugir** brüllen 23 **abîmer qch** etwas zerstören, verderben 25 **couver qch** aus-, bebrüten 25 **couver du regard** keinen Blick abwenden von 26 **pondre** (p.p. **pondu**) (Eier) legen, (fam.) ein Kind kriegen 28 **une obsession** eine Zwangsvorstellung

Mais pour Vanessa, c'était nul.

– Au revoir, mamie.

– Au revoir, ma chérie. Écris-moi en anglais, je te répondrai en espagnol.

Quand la grand-mère eut refermé la porte, Vanessa se tourna vers moi, le menton hautain:

– Bon. Et maintenant, qu'est-ce que je fais?

– Ce que tu veux, répondis-je, moi, je dois m'occuper des autres enfants.

Quelque chose vacilla dans les yeux de Petite Princesse, mais je n'avais pas le temps de m'y arrêter. Christiane m'appelait:

– Émilien, voilà Frank et Caroline, le frère et la sœur. Tu les mets ensemble.

Ils se tenaient par la main. Plus exactement, Caroline tenait Frank par la main. Elle, sept ans. Lui, cinq ans. La mère et l'enfant.

– Vous serez bien là? demandai-je.

– Très bien, me dit Caroline.

Elle ouvrit la valise, sortit le tout petit paquet des affaires de son frère et son tout petit paquet à elle.

Frank s'était assis sur une chaise, les jambes ballantes, attendant que sa sœur ait fini de ranger.

– Tu vas te faire des copains, ici, lui dis-je pour amorcer son intérêt.

– Oui, me répondit-il gentiment, en balançant les jambes.

– Viens te laver les mains, Frank! appela sa sœur.

Frank sauta de sa chaise. Je sentis que j'étais de trop dans ce petit ménage et je quittai la pièce.

– C'est les cas sociaux, me signala Xavier au passage.

– Qui? Frank et …

– Ouais, ils sont orphelins.

– Cas social toi-même, répliquai-je, hargneux.

6 **le menton** Kinn 10 **vaciller** flackern 23 **amorcer qch** ködern, anlocken 31 **l'orphelin,e** (m., f.) Waisenkind 32 **hargneux,-euse** mürrisch, streitsüchtig

Un peu plus loin, je croisai Martine-Marie qui emmenait deux enfants avec celle.

– Tiens, tu peux t'occuper d'un des deux? me demanda-t-elle.

Elle me laissait le choix, comme si l'un valait l'autre. Il y avait d'un côté une adorable petite blonde en salopette et de l'autre un enfant mongolien, le visage barré d'un grand sourire inexpressif. Soudain, il lâcha la main de Martine-Marie et se mit à beugler:

– Titi bobo!

– Qu'est-ce qu'il a? demanda la petite fille, très intéressée.

– Rien. C'est sa façon de parler, répondit tranquillement Martine-Marie.

– Je vais conduire la petite à sa chambre, balbutiai-je, elle … elle sera très bien avec Vanessa.

– Va avec Émilien, Mélanie, dit Martine-Marie en poussant la fillette vers moi.

– Titi bobo, brama à nouveau le garçon mongolien.

Cette fois-ci, Mélanie éclata de rire:

– C'est une drôle de façon de parler!

Martine-Marie rit à son tour:

– Oui, il est très drôle et puis il est très gentil. Tu viens, Jean-Marc?

Jean-Marc reprit la main de Martine-Marie, visiblement satisfait de sa prestation.

– Je vais te montrer ta chambre, lui dit Martine-Marie, tu seras très bien. On voit les arbres de ta fenêtre.

Ils s'éloignèrent. Des fois, je me demande si Martine-Marie ne se retrouvera pas au calendrier entre sainte Gudule et saint Boniface. Je pense que ma grand-mère dirait:

– Ce qu'elle a, c'est qu'elle est dévouée.

Et en plus, elle a le dévouement gai. Mais moi, je ne suis pas dévoué. Et en plus, j'ai peur des mongoliens.

5 **la salopette** Latzhose 6 **barré,e de** (hier:) verschlossen 8 **beugler** brüllen, (fam.) grölen 17 **bramer** heulen, (fam.) plärren 24 **la prestation** Leistung 27 **s'éloigner** sich entfernen 30 **dévoué,e** aufopferungsvoll 31 **le dévouement** Aufopferung, Hingebung

– Elle est gentille, Martine-Marie, me dit Mélanie d'un ton enthousiaste.

– Très.

– Et toi, tu es gentil?

– Pas tout le temps. Ça m'arrive d'être mal luné. Alors, j'aboie comme un roquet. Rouah, rouah!

– Alors, moi, je te donnerai du sucre et tu m'aimeras.

– Bonne idée. Tiens, voilà ta nouvelle copine: Vanessa.

Mélanie se serra contre moi d'un mouvement instinctif. Vanessa la regarda, le menton levé, les cils dédaigneux:

– C'est «ça», la petite fille? laissa-t-elle tomber, quel âge tu as?

– Six ans, et toi?

– Sept, mais je suis très mûre pour mon âge.

Mélanie restait cramponnée à moi.

– Je vais chercher ta valise, dis-je en essayant de lui faire lâcher prise, fais connaissance avec Vanessa.

Mélanie se colla à moi jusqu'à l'heure du déjeuner. Impossible de la repousser. Elle me suivit dans toutes mes démarches et sans jamais s'arrêter de parler.

– Quand tu seras un roquet, je t'apprendrai à faire le beau. Moi, j'ai un hamster à la maison. Il s'appelle Gros-Poil. C'est mon pépé qui me l'a donné. J'ai un pépé, une mémé et une mamie. Mais j'ai plus de papy parce qu'il est parti dans les étoiles et je crois qu'il ne reviendra pas. C'est comme mon premier hamster. Il est parti dans les étoiles, mais, pour de vrai, il est au fond du jardin de pépé et c'est pépé qui l'a enterré sans me le dire, mais moi, je le sais.

– Ça t'arrive de couper le son? demandai-je à bout de nerfs.

– Tout le monde trouve que je parle de trop mais je fais pas exprès. Tu vois, j'ai toujours quelque chose à raconter, mais maman, elle a pas le temps d'écouter parce qu'elle doit faire la

5 **être mal luné** schlecht gelaunt sein 5 **aboyer** bellen 6 **le roquet** Mops, kleiner Köter 14 **cramponné,e à** angeklammert 15 **faire lâcher prise à qn** jdn abschütteln, ihn zum Loslassen bewegen 18 **la démarche** Gang 28 **à bout de nerfs** am Ende mit den Nerven

cuisine et elle a son travail qui lui donne mal à la tête et il y a mon papa qui est parti avec l'autre dame et bla bla bla et bla bla bla.

***

La salle de réfectoire était déjà à moitié pleine, ce midi, et l'on attendait encore une dizaine d'enfants pour la fin de la journée.

– Céleri rémoulade, blanquette de veau et pêche au sirop, annonça Maud, je vous laisse ma part de céleri ... Il n'y a toujours pas de moutarde?

Les gens qui font des histoires pour un pot de moutarde me fatiguent. En fait, je ne comprends pas qu'on puisse parler de moutarde. S'il y en a, j'en mange. S'il n'y en a pas, je ne m'en aperçois pas. Il y a des gens comme Maud qui se rendent compte que le riz au lait est trop sucré et que le café a été réchauffé. Moi, ça ne m'arrive pas au cerveau.

***

– Il est gratiné, le mongolien, nous dit Xavier ce soir-là, les gosses l'appellent Titi.

Nous étions couchés dans notre étable, Xavier, Christophe et moi. «Le bœuf, l'âne et le petit Jésus», comme je le leur avais fait remarquer. Nous avions fait dîner les enfants, nous les avions poussés sous des douches à peine tièdes, puis nous les avions bordés.

– Mais oui, ta maman va revenir. Tu verras, tu vas bien t'amuser.

Nous avions raconté une histoire, chanté une petite chanson et reraconté une histoire.

– Mais non, il n'y a pas de fantômes. Je reste jusqu'à ce que tu t'endormes.

Nous avions embrassé des enfants dans le noir, tenu la main d'un petit garçon qui pleurait, recouché trois fois Titi qui beuglait dans le couloir. Et de plus en plus mécaniques:

– Ton papa va t'écrire. Tu verras, demain, on se baignera dans la piscine.

3 **la salle de réfectoire** Speisesaal 5 **la blanquette de veau** Kalbsragout 14 **gratiné,e** (fam.) ungewöhnlich, erstaunlich, (auch:) bescheuert 19 **tiède** lauwarm 19 **bordé** (hier:) zugedeckt

Et de plus en plus fatigués:

– Il est dix heures, merde! Ils devraient dormir.

– Elle est vraiment collante, la petite Mélanie, dit Christophe du fond de son lit.

– Maud l'appelle La Glu, ricana Xavier.

***

Personne ne me tient la main. Il y a des enfants autour de moi qui soupirent en dormant. Ils vont rêver à leur maman. Si je n'étais pas si fatigué, je me relèverais pour crier:

– Titi bobo!

Je suis sûr que ça fait du bien.

3 **collant,e** klebrig, zudringlich 5 **la glu** Vogelleim, Klebstoff

2

Argilly, 6 août

«Chère maman,

Ton fils est un nul. Cela m'ennuie de devoir te le dire si brutalement mais il est des constats qui s'imposent: je ne sais pas faire le kangourou. Je ne sais pas davantage fabriquer de la pâte à sel. Je ne sais pas faire trotter un poney. Tout le monde s'agite autour de moi. Même Xavier! Il fait des sifflets avec des roseaux, c'est tout à fait sidérant. Maud n'a pas sa pareille pour les fleurs en papier crépon. Bella a monté un métier à tisser, c'est absolument renversant. Christiane Montcouvert te fait mettre 40 enfants en rang par deux pour la promenade, c'est proprement magique. Moi, si j'en sors cinq jusqu'à l'épicerie du coin, c'est tout juste si je les ramène vivants.

Je me fais penser à ce frère convers que nous avions vu dans une abbaye. Tu te rappelles? Comment s'appelait-il déjà? Ah oui! Frère Aimé. Pauvre frère Aimé! Il était un peu demeuré mais il essayait de se rendre utile. Quand le petit Frank prend le troisième gadin de sa journée, c'est frère Émilien qui va chercher le mercurochrome à l'infirmerie. Quand Fabien a pissé au lit, c'est frère Émilien qui change les draps. Et qui retrouve la chaussette rose de Mélanie, qui coupe la viande de Guillaume, qui renoue le lacet de Cédric? Bon, oui, c'est frère Émilien. Et malgré tout, je ne brasse pas tellement d'air. Quand un des moniteurs passe devant moi en courant et me lance: «Ça va, toi?» je sens comme une acidité dans sa voix. Ça va? sous-entendu: tu te la coules douce? Ce qui est bizarre, c'est que je suis quand même très fatigué le soir.

3 **le constat** Feststellung 3 **s'imposer** sich aufdrängen 6 **le sifflet** Pfeife 7 **le roseau** Schilfrohr 7 **sidérant,e** verblüffend 8 **tisser** weben 13 **le frère convers** Laienbruder 14 **l'abbaye** (f.) Abtei 15 **demeuré,e** zurückgeblieben 16 **prendre un gadin** (fam.) tomber 18 **le mercurochrome** Wundsalbe 21 **renouer** zusammenknoten 22 **brasser d'air** viel Wirbel machen, ohne etwas zu erreichen 24 **une acidité** Säuregeschmack 25 **se la couler douce** (fam.) es sich wohl ergehen lassen

Je ne voudrais pas jouer les martyrs, mais j'ai l'impression que mes initiatives, quand j'en prends, ne sont pas très bien acceptées. C'est pourquoi j'en prends de moins en moins. Je vais te donner un exemple:

Comme il pleuvait mardi, tout le monde était à l'intérieur. Les ateliers de raphia et de scoubidou battaient leur plein. Donc, moi, je ne faisais rien. Tout à coup, j'ai aperçu Titi, notre mongolien, qui s'éclipsait par une petite porte. En short et déjà tout trempé, il ouvrait la bouche et buvait la pluie. Je l'ai rejoint. C'était la première fois que je m'approchais de lui. Titi, c'est la chasse gardée de Martine-Marie.

– C'est bon, la pluie?

Titi m'a regardé avec son grand sourire béat.

– A bon, m'a-t-il dit.

Ça m'a fait un choc. Je croyais qu'il ne comprenait rien. Alors, je me suis lancé:

– Il a bobo, Titi?

– Titi bobo!

Et il s'est remis à boire la pluie. Pendant ce temps, deux, trois mômes s'étaient avisés qu'une porte était ouverte et ils faisaient en riant quelques pas sous la pluie.

– Oh, la pluie! a crié Guillaume.

Guillaume a trois ans. Il ne s'endort que si je lui tiens la main, il ne mange que si je lui coupe ses aliments. Il repousse tous les autres en geignant:

– Non, c'est Milien.

Bref, c'est mon chouchou et il paraît que c'est très mal, que je ne devrais pas me l'approprier, que c'est mauvais pour son autonomie, que je ne suis pas son père, que je le coupe des autres, que que que ... Tu vois, on a des réunions d'équipe, le soir, et

6 **le raphia** der (Raffia-)Bast 6 **battre son plein** in vollem Schwange sein 11 **la chasse gardée** Privatrevier, privates Jagdgebiet 13 **béat,e** friedlich, ruhig 16 **se lancer** sich werfen, sich stürzen (auf) 17 **avoir bobo** ein „Wehwehchen" haben (Kindersprache) 24 **un aliment** ein Nahrungsmittel 25 **geindre** jammern, heulen 28 **s'approprier qn** sich jdn aneignen, sich jds bemächtigen

une des principales activités de l'équipe, c'est de me casser du sucre sur le dos.

– Milien, la pluie!

Guillaume était émerveillé comme si c'était la première pluie de sa vie. Après avoir observé Titi, il a ouvert la bouche pour boire la pluie. Puis on a tous fait flic floc dans les flaques. On sautait, on courait, on ruisselait d'eau. Ça coulait dans le cou, sur le front, dans les yeux. On pleurait de la pluie, on riait comme des fous.

– Titi, tu m'attrapes? disaient les petits.

C'était la première fois qu'ils essayaient de jouer avec lui.

– Chat! dirent-ils en le tapant, t'es chat!

J'ai failli intervenir, dans le genre: il est handicapé, il ne comprend pas. Heureusement, je n'ai pas eu le temps. Titi s'est mis à courir après eux pour les attraper. Il était lourdaud, tout déséquilibré dans sa course, mais il riait de contentement. Un rire bête, peut-être, mais en fait, je ne sais pas ce qui est bête et ce qui ne l'est pas. De temps en temps, il s'arrêtait pour mugir:

– Titi chat!

Et tous les mômes l'imitaient. Je ne peux pas te dire à quel point c'était bien. J'étais enfin heureux à Argilly.

– Mais qu'est-ce que vous faites sous la pluie? a hurlé quelqu'un.

On s'est tous immobilisés, sauf Titi qui voulait encore faire le chat, le loup, le monstre et le crocodile. Christiane Montcouvert, le KWay jusqu'aux yeux, a foncé sur Guillaume.

– Non, mais ça ne va pas? Tu es trempé! Rentre tout de suite!

C'est alors qu'elle m'a aperçu:

– Tu venais les rechercher?

1 **casser du sucre sur le dos de qn** über jdn herziehen, jdn anprangern 6 **faire flic floc** platsch, plumps machen 6 **la flaque** Pfütze 13 **j'ai failli faire qch** beinah hätte ich etwas getan 18 **mugir** crier 20 **le, la môme** (fam.) l'enfant 24 **s'immobiliser** stehen bleiben 26 **foncer sur qn** sich stürzen auf, herfallen über jdn 27 **être trempé,e** durchnässt sein

J'ai eu envie de dire «oui» lâchement, mais Guillaume me regardait.

– Heu, non, ai-je bredouillé, je … j'étais avec eux.

– Tu veux qu'ils aient la grippe? a seulement dit la directrice.

Elle n'a pas voulu me prendre en défaut devant les enfants, parce que c'est mauvais pour l'autorité, parce que les enfants doivent nous sentir unis, parce qu'il ne faut pas désavouer publiquement un moniteur, parce que parce que parce que …

Trois gouttes de pluie n'ont jamais tué personne, ai-je mâchonné entre mes dents.

– Rentrez! a hurlé Christiane brusquement hystérique, rentrez immédiatement!

Elle a même bousculé Guillaume qui s'est mis à pleurer:

– Milien, veux ma maman!

Je l'ai pris sous le bras et j'ai filé vers le local. Tous m'ont suivi sauf Titi qui meuglait:

– Titi chat!

Martine-Marie, appelée en renfort, réussit à le ramener au bercail. Mais il était tout malheureux et il nous a gratifiés d'un énorme «Titi bobo» à son entrée. Tous les mômes ont éclaté de rire et ils ont crié: «Titi bobo!» sur le même ton de vache mélancolique. Martine-Marie a emmené Titi pour le sécher, et la petite Mélanie, dite Nini-Pot-de-Colle, s'est approchée de moi:

– Dis donc, m'a-t-elle murmuré, tu en fais des belles bêtises …

Ça doit être ça: je fais des bêtises. Un autre exemple: les escargots.

Comme il avait beaucoup plu, les escargots de Bourgogne ont montré leurs cornes dans le jardin. Frank a trouvé le premier et il l'a pris à pleines mains.

– Beurk, caca, lui a dit sa sœur Caroline.

1 **lâchement** feige 5 **prendre en défaut** jdn ertappen 7 **désavouer qn** tadeln, missbilligen 10 **mâchonner** in den Bart murmeln 13 **bousculer** schubsen, drängeln 16 **meugler** (fam.) crier 18 **en renfort** zur Hilfe 18 **ramener qn** zurückführen, -bringen 19 **le bercail** Schafstall, Heim 22 **sécher qn** jdn trocknen

Elle est très grande personne, Caroline.

J'ai dit:

– Ce n'est pas sale, un escargot. Il est marrant, celui-là. Comment tu l'appelles?

– Batman, m'a répondu Frank, je vais lui faire une niche.

Une boîte en carton et quelques feuilles de salade suffisaient au bonheur de Batman et donc de Frank qui montra partout son protégé. Je ne songe pas assez souvent à la phrase fameuse qui permet d'interdire tout et n'importe quoi: «Et si tout le monde en faisait autant?» Guillaume vint me réclamer un «escagro». Bon. Puis ce fut Cédric. Et Stéphane. Et Nini. La chasse aux gastéropodes enflamma bientôt tous les cœurs.

– Il en a deux, moi, j'en ai pas!

– Pourquoi elle a trois feuilles de salade?

– Il s'appelle comment, le tien?

– Musclor. Et toi?

– Moi, c'est une dame. C'est Capucine.

Le mien s'appelait Rainman. Je proposai une course d'escargots. Chacun stimulait son favori en lui présentant de la laitue ou en faisant tomber de l'eau sur ses cornes. Rainman fut à l'image de son propriétaire: nul.

– Pourquoi il est rentré dans sa coquille, le tien? me demanda Frank.

– Parce qu'il ne veut pas qu'on le force à faire des choses, répondis-je.

Et du coup, je me sentis débordant de sympathie pour Rainman.

Pendant toute la journée, les escargots, leur vie, leurs mœurs et leurs amours furent au centre des conversations. Mélanie emporta Capucine en promenade dans sa poche de salopette. Guillaume voulait dormir avec Musclor. Frank ne comprenait pas pourquoi Batman n'allait pas à la douche avec lui puisqu'il

3 **marrant,e** (fam.) amusant,e 5 **la niche** Nische, (Hunde)Hütte 12 **les gastéropodes** (zool.) Schnecken 19 **la laitue** Kopfsalat 20 **être à l'image de qn** jdm gleichen 26 **déborder** überfließen, übervoll sein

aimait l'eau. Moi, je trouvais ça plutôt rigolo, d'autant que je m'étais attaché à Rainman avec sa coquille penchée et ses cornes dissymétriques.

Mais j'entendis bientôt Maud se récrier que c'était dégoûtant. D'exaspération, Christophe balança un escargot par la fenêtre. Madame Montcouvert décréta qu'il n'était plus question de donner de la laitue aux enfants. Le soir même, en réunion d'équipe, on fit un sort aux escargots: ils n'étaient pas hygiéniques.

– Il faut dire aux enfants de les remettre dans la nature, conclut Christiane en me regardant, les animaux sauvages vivent dans la nature.

– Tu as déjà entendu un rugissement d'escargot? lui demandai-je, les escargots sont des animaux extrêmement civilisés.

En conséquence de quoi, le lendemain, je conviai les enfants à fonder la ville d'Escargopolis, au fond du jardin. Avec des pierres, nous avons fabriqué des maisons, une église, une école et une mairie. Nous avons marié Rainman et Capucine pour qu'ils aient des enfants, puis nous sommes allés nous laver les mains parce que, comme dit madame la directrice, les escargots, c'est caca ... heu, non, ce n'est pas hygiénique.

L'affaire des escargots venait tout juste d'être classée, quand j'eus une idée presque aussi désastreuse. Il pleuvait. Les gosses en avaient un peu par-dessus les oreilles de faire le lapin en expression corporelle. Bref, certains d'entre eux étaient dans leur chambre.

Guillaume, lui, est dans une chambre de trois lits, avec Stéphane et Cédric.

– Milien! m'a-t-il appelé comme je passais dans le couloir, viens voir! On fait le camping.

2 **s'attacher à qn** jdn lieb gewinnen 5 **d'exaspération** (f.) aus Verzweiflung 6 **décréter** verordnen 8 **un sort** Los, Schicksal 13 **le rugissement** Gebrüll 15 **en conséquence de quoi** infolgedessen, folglich 15 **convier qn** jdn einladen, auffordern 22 **classé,e** (fam.) erledigt, eingeordnet 23 **désastreux,-euse** katastrophal, verheerend

Vaguement inquiet, j'entrai dans la chambre. Stéphane avait vidé le contenu de ses tiroirs dans une grande serviette éponge dont il avait noué les extrémités.

– C'est mon baluchon, m'expliqua-t-il, on s'en va.

– Moi, j'ai ma lampe de poche, ajouta fièrement Cédric.

Ils souhaitaient partir pour le Sahara mais ils hésitaient encore à cause de Guillaume.

– Il est trop petit, me dirent-ils, en baissant la voix.

Guillaume avait parfaitement entendu:

– Non, je suis pas crop petit! cria-t-il, des larmes dans les yeux.

– Où est votre toile de tente? demandai-je pour faire diversion.

Ils n'y avaient pas pensé.

– On peut en faire une avec les draps, dis-je.

Nous posâmes un drap sur deux chaises. Comme il avait un peu tendance à glisser, nous allâmes à la buanderie chercher des pinces à linge pour le fixer aux dossiers. Frank entra alors dans la chambre.

– Tu as vu notre camping? se rengorgea Guillaume.

Une fois de plus, la phrase fatidique me revint en mémoire: «Et si tout le monde en faisait autant?»

Deux heures plus tard, il n'y avait plus une seule pince à linge dans la buanderie, il manquait la moitié des chaises au réfectoire et toute la colonie campait sous des draps de lit.

Le soir, en réunion d'équipe, Maud me demanda si je ne pouvais pas jouer «normalement» avec les enfants.

Maman, je ne sais pas jouer normalement. Plus je regarde Titi et plus je me reconnais.»

Émilien

2 **la serviette éponge** Frottierhandtuch 3 **les extrémités** (f.) Enden 4 **le baluchon** Bündel 12 **faire diversion** ablenken 16 **la buanderie** Waschküche 17 **la pince à linge** Wäscheklammer 17 **le dossier** die Rückenlehne 19 **se rengorger** sich brüsten 20 **fatidique** schicksalhaft

3

Ma grand-mère a un mot pour exprimer ce que je ressens. Elle dit:

– Ben vrai, j'en suis toute retournée.

Je suis tout retourné.

Je passais près du local où nous tenons nos réunions d'équipe quand j'ai entendu Maud prononcer mon nom.

– Il est vraiment con, a-t-elle ajouté.

Je me suis immobilisé. À qui parlait-elle?

– Il est démago avec les mômes. C'est facile de plaire dans ces conditions. Tu ne trouves pas?

– Oui, oui, a répondu mollement Christophe.

J'aurais dû me douter qu'il s'agissait de lui.

– En plus, il se croit plein d'humour. Ça, ça m'excite. Il n'est pas drôle, il est bête, vulgaire! Quand je pense qu'une fille comme Martine-Marie le défend …

– C'est sa copine, a fait observer Christophe.

– Je me demande ce qu'elle peut lui trouver. En plus, il est moche.

– Bon. On la programme pour mardi, cette sortie à poneys?

Christophe n'avait pas envie de continuer dans ce registre. Il n'est pas méchant. Mais Maud … Bien sûr, je me suis dit tout ce qu'on peut se dire: elle est conne, c'est une égoïste, elle veut que tout le monde soit à ses pieds. Je me sentais mal quand même. Ses sales petites phrases s'étaient plantées dans ma tête. Rien à faire pour les en déloger. «Démago avec les mômes.» Toute la journée, en riant, en jouant, en parlant, ça me revenait: «Il est démago.» Et si c'était vrai? «Il n'est pas drôle, il est vulgaire.» Pourquoi a-t-elle dit cela? Justement cela? Qu'elle me

7 **con, conne** (fam., vulg.) idiot,e 9 **démago** démagogique 26 **déloger** ausquartieren, verdrängen

trouve moche, c'est son droit. J'en pense autant de toute façon. Mais vulgaire? Je trouve que c'est la chose la plus désagréable qu'on puisse penser de quelqu'un. J'ai eu envie de demander à Xavier:

– Dis, tu me trouves vulgaire?

Puis j'ai eu peur de sa réponse. Finalement, j'ai repris mon bloc de papier pour écrire à maman.

«Quand on est petit, on tend les bras en marchant vers la vieille dame ou vers le petit monsieur. On a confiance. Le chat, le chien, tout le monde vous aime, c'est évident. Un jour, on s'aperçoit qu'il y a des gens qui ne vous aiment pas, on se demande pourquoi et alors, on est grand. Le pire, c'est ce qui m'arrive maintenant. Je me demande si je suis «aimable». C'est peut-être celle qui ne m'aime pas qui a raison: je suis démago, vulgaire. Pourquoi le dit-elle si ce n'est pas vrai? Quelqu'un qui ne m'aime pas, ça me travaille, ça me brûle comme un poison. Tout à l'heure, j'avais envie de la secouer par les épaules et de crier: «C'est pas vrai, c'est pas vrai! Tu mens …»

J'ai arraché ma feuille de papier. Quel mélo! Laisse tomber. Il faut se faire à l'idée. Tout le monde ne m'aime pas. Je ne suis plus un bébé.

Mais ma situation à la colo ne cesse de se détériorer. Ce matin, Frank m'a demandé:

– Tu sers à quoi, toi?

Ils veulent tous que je serve. Martine-Marie me le suggère gentiment:

– Si tu n'as rien à faire, tu ne pourrais pas …

Et pan, c'est la corvée qui me tombe sur le nez. Ou alors, c'est Maud qui couine:

– Il y en a qui n'ont pas débarrassé les tables, aujourd'hui.

16 **le poison** Gift 19 **le mélo** le mélodrame 22 **se détériorer** sich verschlechtern 25 **suggérer qch à qn** eingeben, nahelegen 28 **la corvée** Fronarbeit, undankbare Arbeit

Et bien sûr, les qui n'ont pas, c'est moi. Christophe aussi me persécute. Il a d'abord voulu que je fasse monter les mômes sur les poneys. Mais les gros yeux des poneys, leurs yeux à fleur de tête, me font peur. Après, c'était la «piscine». Il voulait que je clapote dans cette flaque pisseuse pendant des heures. Maintenant, il veut qu'on fasse une sortie en forêt pendant toute une journée. Dans le meilleur des cas, on va perdre la moitié des enfants en route et les autres s'empoisonneront avec des amanites phalloïdes. Au fond, je crois que ce n'était pas une bonne idée, cette colonie de vacances. Je suis trop paresseux, trop individualiste. Je suis ... Je suis en pleine crise d'autodépréciation, comme dirait ma mère.

– Et toi, alors, tu sers à quoi? ai-je répliqué à Frank.

– Rouah, rouah, a fait Nini.

– Quoi «rouah, rouah»? ai-je aboyé.

– Ben rien. Tu fais le roquet.

– Oui et j'ai la rage. Attention, rouah, rouah!

– Il a la rage! cria Frank en se sauvant, il a la rage!

J'ai dit:

– Si j'en mords un, il a la rage aussi!

On a joué aux enragés. À la fin, tout le monde aboyait.

– Mais il est vraiment fou, a commenté Maud, on ne peut avoir aucune activité structurée à cause de lui.

Tout ça parce qu'elle était en train de jouer à la chandelle avec trois petites filles. Non, ils me rendront malade! Heureusement, il y a les enfants.

***

– Émilien, m'a dit Vanessa hier soir, je voudrais répondre à ma grand-mère. Mais j'ai peur de faire des fautes en anglais. Tu pourrais me corriger.

2 **persécuter qn** jdn verfolgen, belästigen 5 **clapoter** plätschern 8 **s'empoisonner** sich vergiften 8 **une amanite phalloïde** grüner Knollenblätterpilz 11 **l'autodépréciation** (f.) Selbstverachtung 17 **la rage** Tollwut 24 **la chandelle** Kerze, Säule, Stiel 24 **jouer à la chandelle** „der Plumpsack geht um" spielen

J'ai regardé Vanessa. Elle avait l'air tellement triste.

– Ça ne va pas?

Ses lèvres ont tremblé.

– Si, ça va.

– C'est le violon qui te manque?

– Je n'aime pas le violon.

Ses larmes ont coulé, l'une et puis l'autre. Elle restait toute droite. Hautaine.

– J'aime que mon papa.

– Viens. Assieds-toi. On va écrire à ton papa.

Elle a pris un stylo vert, elle s'est assise et elle a écrit:

«Mon papa chéri, je suis triste à la colonie. Je n'ai pas d'amie et je m'ennuie. Je n'aime pas le violon. Je n'aime pas l'anglais. Je n'aime pas les échecs. Envoie-moi des bonbons. Vanessa.»

– Vanessa qui est la petite fille de son papa, dis-je tout bas.

– Oui, a dit Vanessa.

Maintenant, je sers à écrire des lettres. Les enfants viennent me voir et ils me disent:

– Je veux écrire à ma maman.

Ou:

– Qu'est que je peux mettre à ma marraine?

Le plus souvent, ils dictent et j'écris pour eux. Ils se réservent la signature en grosses lettres et l'inévitable dessin d'une maison sous le soleil avec des fleurs alentour et de la fumée qui sort quand même de la cheminée.

– Alors, Milien, tu zécris, me dicte Guillaume, l'air important, tu zécris: «Je pleure toute la nuit et je mange rien, même les nouilles, je mange pas parce qu'elles sont pas bonnes et on m'a volé Martin et ...»

– Guillaume, on ne t'a pas volé Martin. Tu l'as donné à Cédric.

– Oui, mais il veut pas me le rendre!

Frank et Caroline n'ont qu'une vague tante à qui se confier. C'est Caroline qui dicte:

21 **la marraine** Patentante 33 **se confier à qn** sich jdm anvertrauen

– Ma tantine chérie, heu, non, ma chère tantine, heu, non, tu mets tantine seulement. «Tantine, j'ai pas perdu ma gourmette et Frank il a pas perdu ses sandales. Mais j'ai perdu un capuchon de feutre. C'est le feutre rouge. C'est pas grave parce que j'ai un feutre rose.»

– Intéressant, dis-je entre mes dents, et puis?

– Et puis: «Je t'embrasse ainsi que le chien.» Frank va faire le dessin.

Frank m'a dessiné une maison, avec un papa et une maman. Les cas sociaux font tout ce qu'ils peuvent pour que ça ne se voie pas.

– On n'a rien perdu, dit Caroline en pliant la lettre, presque rien.

Juste un papa, une maman et le capuchon du rouge. J'ai dit:

– Tu es super, Caroline.

Et j'ai eu droit à un bisou. Je récolte pas mal de bisous dans l'ensemble. Ça aussi, ça les excite. Je parle des autres, des monos. Il paraît que je donne dans l'affectif, que je cherche à me faire aimer. Et c'est très mauvais pour l'autonomie. C'est pendant les réunions d'équipe qu'ils font ce genre de découvertes.

***

À dix heures, tous les soirs, au lieu d'aller nous coucher bien gentiment, nous devons nous réunir. Moi, je n'arrive même plus à me réunir tout seul à cette heure-là. Ma tête part dans un sens, mon corps dans un autre. Je me cogne dans tous les meubles et j'ai envie de hurler de fatigue.

Martine-Marie allume notre réchaud et y pose une casserole d'eau brinquebalante. C'est la cérémonie du tilleul-menthe. Maud, notre gracieuse geisha, sort une boîte de Figolu du pla-

2 **la gourmette** Armband, Uhrkette 4 **le capuchon de feutre** Kappe eines Filzschreibers 16 **récolter** einsammeln, ernten 25 **se cogner** sich stoßen 26 **la fatigue** Müdigkeit 27 **le réchaud** Kocher 28 **brinquebaler** schwanken, vibrieren 29 **le Figolu** gâteau sec aux figues fabriqué par la firme «Lu»

card. Nous mangeons alternativement des Figolu et des Paille d'Or parce que ce sont les biscuits préférés de Maud. Le jour où j'ai acheté des Captain Choc, Maud a déclaré d'une voix émue qu'elle ne pourrait rien manger à son cinquième repas.

Une fois de plus, donc, Maud a posé le paquet de Figolu sur la table.

– Encore! me suis-je exclamé.

– Quoi? Tu n'aimes pas? m'a demandé Maud, déjà sur la défensive.

– C'est pâteux. On n'arrive pas à les avaler. C'est comme tes Paille d'Or. Du carton à la confiture. Dégoûtant.

Je ne savais pas qu'un jour je serais capable de dire de telles idioties en étant presque sincère.

– Tiens, j'ai reçu un coup de fil des parents de Guillaume, nous dit Christiane Montcouvert en s'asseyant lourdement sur le banc, ils avaient l'air inquiet. Il paraît qu'ils on reçu une lettre de Guillaume où le gamin disait qu'il pleurait tout le temps.

Je me mis à rire. Je revoyais l'air important que se donnait Guillaume tout en dictant. Christiane se tourna brusquement vers moi:

– Il t'a vraiment fait écrire ça?

– Oui, et aussi qu'il ne mangeait rien et qu'on lui avait volé son ours.

– Et tu l'as écrit?

– Mais je n'allais pas mettre à la place: «Le ciel est bleu, la mer est chaude.»

– Tu ne te rends pas compte de l'effet produit sur les parents! s'écria Christiane. Pour un peu, ils accouraient ici pour arracher le petit de nos griffes!

Je criai à mon tour:

– Guillaume a le droit d'avoir le cafard, non?

4 **ému,e** (p.p. **émouvoir**) bewegt, erregt 8 **être sur la défensive** prêt à répondre à toute attaque 10 **pâteux,se** pappig, teigig 13 **sincère** aufrichtig, wahrhaftig 27 **se rendre compte de qch** sich etwas bewusst, klarmachen 27 **l'effet produit sur qn** Wirkung auf jdn 29 **les griffes** (f.) Krallen 31 **avoir le cafard** schlecht „drauf sein", in trüber Stimmung sein, Heimweh haben

– Mais tu n'as pas à l'y encourager, intervint Xavier.

– Toi, ta gueule!

– Merci.

Un silence. Martine-Marie met les sachets de tisane dans la casserole.

– Les gosses croient que tu les aimes, lâcha soudain Maud, parce que tu leur fais de la lèche.

Cette fille, c'est du fiel.

– Tu dis n'importe quoi, balbutiai-je, n'importe quoi pourvu que ça fasse mal.

– Je n'ai pas ton hypocrisie. Je ne me sers pas des gosses contre les autres.

Maud parlait sur un ton tranquille, en détachant les syllabes. Mais ses mains tremblaient. Et moi, c'est mon cœur qui tremblait dans ma poitrine.

– Là, Maud, tu pousses, intervint Xavier, Émilien n'a pas …

– Toi, ta gueule, dis-je.

Martine-Marie verse le tilleul dans les tasses. Elle en met la moitié sur la table. Mes yeux se brouillent. Je vois presque noir.

– Il est inutile de se critiquer les uns les autres, dit Christiane, il faut agir dans l'intérêt des enfants. Dans les grandes lignes, nous sommes tous d'accord et c'est ce qui est important.

Je soupirai. Mon Dieu, ce qu'elle est embêtante à toujours vouloir rattraper la mayonnaise! On a tous envie de s'écharper et il faut qu'on écoute ses prêchi-prêcha!

– Ce qui est important, et là, nous sommes tous d'accord, reprit-elle pesamment, c'est qu'il faut au maximum respecter et encourager l'au-to-no-mie des enfants.

4 **le sachet de tisane** Kräuterteebeutel 6 **lâcher** loslassen 7 **faire de la lèche à qn** jdn umschmeicheln 8 **le fiel** Galle, (fig.) der Groll 9 **pourvu que** vorausgesetzt dass (+ subj.) 11 **l'hypocrisie** (f.) Heuchelei 13 **détacher** trennen, zerteilen 19 **se brouiller** sich trüben 24 **rattraper la mayonnaise** (fam.) die Situation retten 24 **s'écharper** sich schlagen, hauen 25 **le prêchi-prêcha** Gewäsch 27 **pesamment (peser)** nachdrücklich

Je me mis brusquement debout et je m'entendis hurler:

– Mais on s'en fout de l'autonomie! Le mec qui a inventé l'autonomie, je lui dirais bien deux mots. Et même un seul suffirait! Personne n'est autonome. Tout le monde dépend de tout le monde parce que tout le monde veut être aimé.

– C'est puissant, a marmonné Maud.

– Et les égoïstes dépendent encore plus des autres! hurlai-je.

Puis j'ai quitté leur salle de réunion. Martine-Marie a voulu m'arrêter. Je l'ai repoussée. Je tremblais de la tête aux pieds. Et maintenant, je suis à plat, inerte, mort. Pourquoi se mettre dans des états pareils? C'est ce qu'ils veulent: que je craque, que je rende mes tripes, que je crève. Je n'irai plus à leur réunion d'équipe, je ne leur parlerai plus. Je ne supporte plus qu'ils me regardent. Ils me regardent pour me critiquer, pour me prendre en défaut. Je resterai avec les gosses tout le temps. Les gosses comme un rempart. Derrière un mur de gosses, je vais bien. Oh, ce que je vais mal! Je n'arrive même plus à rire de moi, et tout de suite, seul dans le noir, je n'arrive même pas à en pleurer ...

J'ai rallumé. J'étais en train de lire «Les Confidences d'Arsène Lupin» sans rien comprendre quand la porte s'est ouverte lentement. J'ai cru que c'était Pot-de-Colle ou Guillaume. Mais non, c'était Christophe. J'ai fait la grimace. Il est resté un moment debout, près de mon lit. J'ai fini par relever la tête. J'ai dit:

– Quoi?

– Toujours le roquet.

Il a souri puis il est devenu tout rouge.

– Tu ne vas pas me casser les pieds jusqu'ici, ai-je répondu.

– Je te casse les pieds?

On s'est regardés. J'étais un peu intrigué. Qu'est-ce qu'il me voulait?

1 **hurler** schreien 6 **marmonner** murmeln 10 **inerte** leblos 12 **rendre ses tripes** (f., pop.) sich erbrechen 12 **crever** (pop.) platzen, (vulg.) krepieren 16 **le rempart** Schutzwall 30 **casser les pieds à qn** jdn auf die Nerven gehen 31 **être intrigué,e** stutzig geworden sein

Il a repris:
– Tu sais, je ne suis pas d'accord.
– Pas d'accord?
– Avec eux. Tu fais des choses bien avec les gosses.
Un silence. J'étais oppressé. Je ne trouvais rien à dire. Christophe s'est assis sur mon lit et il a parlé tout bas, la tête baissée.
– Je sais que tu ne m'apprécies pas. Je ne sais pas pourquoi. J'aurais voulu qu'on fasse des choses ensemble. Mais je vois bien que ça ne t'intéresse pas. Tu as toujours de bonnes raisons … En fait, tu … tu ne m'apprécies pas. Quand tu dis que tout le monde dépend de tout le monde, c'est vrai. C'est vrai aussi pour moi.
Là, j'étais scié.
– Les gens sont compliqués, dis-je.
– Pas tous autant que toi, m'a répondu Christophe.
– Tu crois?
Finalement, on a programmé une sortie en forêt pour mardi prochain.
– On prendra les plus grands, a dit Christophe.
– Et Guillaume.
– Mais c'est le plus petit!
– Je n'irai pas sans lui.
– Tu pousses avec Guillaume, m'a répliqué Christophe, c'est de la provocation. Tu fais de la provoc tout le temps, et après, tu t'étonnes que les autres te tombent dessus …
J'ai ri.
Je ne sais pas trop qui je suis. C'est normal que les autres se trompent aussi. Mais c'est un malin, Christophe. Je croyais qu'il était bête. Il est plutôt timide.
– Bonne nuit, Émilien.
– Bonne nuit, vieux.
Après avoir éteint la lumière, je me suis souvenu que Christophe recevait une lettre tous les jours. J'ai revu le geste qu'il

5 **oppressé,e** bedrückt 7 **apprécier qn** jdn schätzen 13 **être scié,e** (pop.) erstaunt sein 23 **pousser avec qch** übertreiben 28 **malin, igne** boshaft, schlau, geschickt

fait quand je lui tends la lettre. Il la met dans sa poche de chemisette sans la regarder. On dirait qu'il veut la faire disparaître comme par magie. C'est toujours la même personne qui lui écrit. Ce doit être sa petite amie. Hier encore, cela ne m'intéressait pas. Maintenant, je me demande à quoi ressemble la petite amie de Christophe. Tant qu'on n'aime pas quelqu'un, on n'est pas curieux de lui. Donc, comme on ne sait rien de lui, on ne peut pas l'aimer. «C'est puissant» ce que je viens de trouver, comme dirait cette chère Maud.

Le lendemain, au courrier, il y avait encore une lettre pour Christophe. J'ai souri en la lui donnant. La distribution du courrier, c'est le moment le plus intense de la journée. C'est moi qui vais chercher les lettres chez le concierge. Parfois, il y a aussi un paquet. Vanessa a droit régulièrement à sa missive en anglais. Guillaume reçoit des cartes postales de Winnie l'Ourson toutes couvertes de ton papa qui t'embrasse, ta maman qui t'adore. Puis il y a les autres. Cédric, c'est morne plaine.

– Non, il n'y a rien pour toi. Mais ta maman t'a téléphoné.

Il faut leur trouver des raisons. C'est d'autant plus dur pour Cédric que son copain Stéphane reçoit des cargaisons de bonbons. Pot-de-Colle a eu une lettre de sa mère et elle me la fait relire tous les soirs. Cela donne quelque chose comme: «Ma petite chérie, juste deux mots pour te dire que je t'aime. Je n'ai pas beaucoup de temps en ce moment avec tout le travail au bureau et mes migraines qui m'ont reprise et ton père n'a toujours pas payé la pension.»

Titi, lui, reçoit des chewing-gums glissés dans l'enveloppe et des images d'animaux. Il est très content. Quand son chewing-gum a perdu du goût, il le met sous son oreiller. Ça nous fait de joyeux réveils. Frank a toujours l'espoir de recevoir quelque chose. Sans doute du père Noël. À chaque fois, il me demande:

– Y a une lettre?

Je fais semblant de vérifier.

5 **ressembler à** ähneln, gleichen 14 **la missive** Sendung, Übermittlung 17 **morne** triste 20 **la cargaison** Ladung

– Qui veux-tu qui lui écrive? m'a dit Xavier, un jour.

Je l'aurais pilé.

– Ben, son papa ou sa maman, a répondu innocemment notre Pot-de-Colle national.

– Ils sont morts, a dit Caroline d'une voix très basse comme pour ne pas les déranger.

– Morts dans les étoiles? a demandé Nini.

– Non. Dans une voiture.

Moi, j'ai eu une lettre, ce midi.

«Mon cher garçon, mon cher Émilien, comme c'est drôle de recevoir une lettre de toi et comme c'est difficile d'y répondre! Je n'ai l'habitude ni des épanchements ni des confidences. Les mots ont l'air de te venir si facilement … Je me demande parfois si je suis bien la mère de ce jeune homme qui vit sous mon toit. Avec l'éloignement, tu me parais plus petit. J'ai eu envie de commencer ma lettre par: «mon bébé chéri».

Toi et moi, nous savons bien que tu n'es pas nul. Tu portes en toi de grandes espérances, celles que je mettais en toi quand je me penchais sur ton berceau. Et pourtant, je ne suis pas une bonne fée, je ne suis que ta maman qui t'aime et qui aimerait le dire tout simplement.»

Mis à part que maman ne m'a pas écrit sur une carte de Winnie l'Ourson, j'étais aussi content que Guillaume, après avoir lu mon petit mot.

– C'est qui qui t'écrit? m'a demandé Nini.

J'allais lui répondre quand mon regard a surpris celui de Christophe qui m'observait.

– Curieuse! ai-je dit.

2 **piler qn** jdn zermalmen 12 **un épanchement** Ausdruck, (Gefühls)Äußerung 12 **la confidence** vertrauliche Mitteilung 19 **le berceau** Wiege

Cédric, Stéphane, Fabien, Vanessa, Frank, Caroline, Nini, Antonio et Myriam. Nous emmenons les plus vieux.

– Et Guillaume, évidemment.

– Mais s'il ne peut plus suivre les autres? me dit Christophe.

– Je le porterai.

Je suis plutôt content de quitter Argilly pour une journée. Je n'ai pas eu le temps de reparler avec Christophe depuis l'autre soir, mais je me sens déjà mieux grâce à lui. Quand Christiane nous sert un de ses couplets de directrice modèle, Christophe me fait un clin d'œil. Hier soir, au moment du Figolu réglementaire, il a posé un paquet de Captain Choc devant moi. J'ai l'impression que le vent a tourné. Xavier n'essaie plus de m'expliquer ce que je dois faire. Martine-Marie rit de nouveau à mes plaisanteries. Il ne faut peut-être pas grand-chose pour que les autres vous acceptent. Je pense à Titi Bobo.

Au début, les gosses le regardaient comme une bête curieuse. Nini avait expliqué consciencieusement aux autres que c'était un «nandicapé». Quand les enfants entendaient Titi bramer dans les couloirs, ils se disaient:

– C'est le nandicapé.

À une ou deux reprises, je les avais vus qui le poussaient dans l'escalier ou qui le faisaient tourner sur lui-même. J'intervenais:

– Fichez-lui la paix!

Parfois Titi s'asseyait sur une marche d'escalier et il regardait jouer les autres avec un air d'admiration et de tristesse.

– Tu viens te promener, Jean-Marc? lui disait Martine-Marie.

9 **le couplet** Strophe, Tirade 17 **consciencieusement** (adv.) gewissenhaft, bewusst
21 **à deux reprises** zweimal

Et elle le prenait un instant sous son aile. Puis il retournait à sa marche d'escalier. Mais depuis qu'ils l'avaient vu courir sous la pluie, les enfants avaient adopté Titi. C'était la mascotte de la colonie. Dès qu'il s'asseyait sur sa marche, un môme s'approchait et lui disait:

– Tu viens, Titi?

Et Titi suivait, l'air bienheureux.

Ça va mieux, Titi, en ce moment, remarqua Christiane, ce lundi soir.

– Moi aussi, dis-je en mordant dans mon Captain Choc.

Ils ont ri. Christophe a posé la main sur mon épaule.

– Alors, vous faites cette sortie en forêt, demain? a repris la directrice en nous regardant tous les deux.

– Comment? Quelle sortie? a couiné Maud. On devait faire une balade à poney, Christophe et moi.

– Eh bien, il y a changement de programme, répliquai-je.

– Mais ce n'est pas possible! J'ai prévu cette sortie avec les enfants depuis longtemps. Je ne vois pas pourquoi ...

Pourquoi lui faisait-on une chose pareille? Elle avait dit aux enfants qu'elle les emmenait. Ils la prendraient pour une menteuse. Christophe poussa un gros soupir.

– Tu n'as qu'à venir avec nous.

Maud fit la moue. Mais c'était ce qu'elle voulait.

Le lendemain, nous étions prêts dès huit heures, avec le repas froid dans nos sacs à dos, une loupe pour admirer les fourmilières et des boîtes en plastique pour collecter des feuilles. Nous nous sentions des âmes d'aventuriers. Guillaume emmenait Martin. Son ours voulait voir la forêt. Frank était déjà en larmes.

1 **l'aile** (f.) der Flügel 1 **prendre sous son aile** in seine Obhut nehmen 10 **mordre dans qch** in etw. hineinbeißen 14 **couiner** (fam.) quietschen 17 **prévoir qch** etw. vorhersehen 23 **faire la moue** maulen, schmollen 26 **la fourmilière** Ameisenhaufen 27 **un aventurier** ein Abenteurer

– Mais qu'est-ce qu'il a? s'impatienta Maud en le secouant.

Caroline haussa les épaules et dit machinalement:

– Mouche ton nez, Frank.

Enfin, nous eûmes l'explication de son désespoir:

– C'est vrai ce que dit Stéphane, qu'on va faire deux cents kilomètres?

– C'est des belles bêtises, lui répondit Nini, on en fera vingt ou trente. Pas plus.

Frank parut grandement soulagé.

– Bon, allez, en avant! lança Christophe. «Dans la troupe, y a pas de jambes de bois ...»

Les enfants enchaînèrent:

– «Y a des nouilles, mais ça ne se voit pas.»

Nous avions tout juste quitté Argilly quand je sentis que Guillaume me tirait par la manche:

– C'est encore loin? me demanda-t-il.

Je jetai un coup d'œil à Christophe et à Maud. Ouf, ils n'avaient rien entendu.

– On va aller dans la grande forêt, Guillaume. Tu verras des tas de choses.

– Le loup?

– Peut-être.

– Et la sorcière?

– Aussi.

– Martin l'aura peur.

– Oui, mais pas toi.

Cent mètres plus loin, Guillaume me tirait de nouveau par la manche:

– Ze veux plus Martin.

L'ours se retrouva donc dans mon sac à dos. Encore quelques pas et:

– Martin l'a pas d'air.

1 **s'impatienter** ungeduldig werden 12 **enchaîner** fortfahren 13 **les nouilles** (f.) Nudeln 15 **tirer par la manche** am Ärmel zupfen, ziehen

– Je lui sors la tête du sac, d'accord?

Trois pas et puis:

– L'est tout serré, Martin.

– Il est très bien, ton ours. TRÈS bien, d'accord?

Guillaume se mit à traîner les pieds.

– Allez, allez, Guillaume! l'appela Christophe. «Un kilomètre à pied …»

Les enfants reprirent en chœur:

– «Ça use, ça use, un kilomètre à pied …»

Nous entrâmes dans la forêt par une allée cavalière. Notre petite troupe se dispersa. Il y avait tellement de merveilles à découvrir. Une plume de pie, une crotte de lapin, un papillon marron, un champignon empoisonné.

– On meurt si on y touche?

Une coccinelle, une flaque d'eau.

– Y a peut-être des escagros …

– Moi, si j'en trouve un, je l'appelle Cacaboudin.

– Si on faisait une cabane plutôt? proposa Christophe. «J'ai une maison pleine de fenêtres …»

Et les gosses de poursuivre:

– «Pleine de fenêtres en large et en long …»

Je l'aime bien, Christophe, mais il me saoule un peu.

Une heure plus tard, notre cabane était faite. Et maintenant, le chic feu de camp. «Faïdoli windo, windo, windo, windi, ha, ha, ha, ha, faïdoli, windo, windo, windo, windi, ha, ha.» On s'assoit en rond et on sort son casse-croûte. «Patates, fayots, patates, fayots, c'est le régime, c'est le régime, patates, fayots, patates, fayots, c'est le régime de la colo.»

– Ça va, Émilien?

3 **serrer** zusammendrücken, -schnüren 5 **traîner les pieds** (m.) die Füße schleppend bewegen 9 **user qch** verbrauchen, abnutzen 10 **l'allée cavalière** (f.) Reitweg 11 **se disperser** sich zerstreuen 12 **la pie** Elster 13 **empoisonné,e** vergiftet, giftig 15 **la coccinelle** Marienkäfer 22 **saouler qn** (fam.) jdn ermüden 26 **le fayot** (pop.) getrocknete Bohne

– Oui. C'est quand, la sieste?

Malheureusement, Christophe avait prévu une séance de découverte de la nature, séance dont la programmation fut d'ailleurs avancée grâce à Maud qui avait choisi de s'asseoir sur une fourmilière pour le pique-nique.

– Ça, c'est du flair, la complimentai-je.

– Tu te crois drôle?

– Oh non, je suis moche et vulgaire.

Les enfants avaient déjà lancé un atelier sur le thème: «À la découverte de la mouche à merde». Ils en avaient capturé plusieurs exemplaires sous leurs gobelets en plastique. À présent, ils cherchaient les moyens les plus intéressants pour les faire crever. Les engluer avec de la confiture, les noyer à la limonade ou les écraser sous une assiette? Guillaume, pris d'un grand zèle scientifique, s'était emparé d'un bâton et tapait comme un sourd sur les vilaines fourmis. Christophe renonça rapidement à son exposé sur la protection de notre environnement naturel et le danger de rompre la chaîne écologique. «Faïdoli, windo, windo, windo ...» Nous reprîmes notre progression dans la forêt hostile. Guillaume serrait de nouveau son ours sur son cœur.

Au bout de dix minutes, Frank éclata en sanglots. Nous l'entourâmes.

– Qu'est-ce qu'il a? demandai-je à Caroline.

Elle haussa les épaules. Frank pleurait toujours. Ni le frère ni la sœur ne voulaient parler.

– Bon, on repart! décida Maud, exaspérée.

– Nooon, sanglota Frank au désespoir.

10 **capturer qn** jdn fangen 11 **le gobelet** Trinkbecher 12 **faire crever qn** (pop.) jdn umbringen 13 **engluer qn** mit Leim bestreichen, leimen 13 **noyer qn** jdn ertränken 14 **écraser qch, qn** etw., jdn zerdrücken 15 **le zèle** Eifer 15 **s'emparer de qch** sich (einer Sache) bemächtigen, etw. ergreifen 16 **renoncer à qch** auf etwas verzichten 17 **la protection** Schutz 20 **hostile** feindlich 22 **éclater en sanglots** (m.) in Schluchzen ausbrechen 27 **exaspéré,e** verzweifelt

– Mais qu'est-ce qu'il a? Qu'est-ce qu'il a? hurlai-je, en regardant Caroline.

Enfin, du bout des lèvres, elle se décida:

– Il a mal aux pieds.

Nous poussâmes un soupir de soulagement. Christophe avait prévu des pansements. Je déchaussai Frank.

– Ah!

Je reculai de surprise. Le sang transperçait les chaussettes.

– Il manque au moins une pointure à ses chaussures, me glissa Christophe à l'oreille.

Tous ses vêtements étaient trop petits et nous avions refusé de le voir. Sa chemisette fermait difficilement, son short lui comprimait le ventre. Caroline gardait les yeux baissés.

– On ne peut pas lui remettre ses chaussures, marmonnai-je.

– Il faut le porter, conclut Christophe, c'est faisable, à tour de rôle ...»

– «Un kilomètre à pied ...» fredonnai-je, d'un ton lugubre. ?

– Je vais le prendre pour commencer, me dit Christophe, monte sur mon dos, Frank. On rentre à cheval.

Et nous repartîmes vers Argilly, «au pas, camarades, au pas, camarades, au pas, au pas, au pas ...» Soudain, j'eus une sensation bizarre, une sensation de vide. Je tendis la main comme pour ramasser quelque chose derrière moi.

– Guillaume!

Les autres avançaient toujours.

– Arrêtez! Arrêtez! Où est Guillaume?

Maud se retourna:

– Il n'est pas avec toi?

– Mais non.

Tout le monde se tut brusquement. Puis d'un seul cri, tout le monde appela:

5 **le soupir** Seufzer 5 **le soulagement** Erleichterung 6 **le pansement** Verband 8 **reculer** zurückweichen 8 **transpercer** durchdringen 9 **la pointure** Schuhgröße 13 **comprimer qch** etw. zusammendrücken 15 **conclure** schlussfolgern 17 **fredonner** trällern 17 **lugubre** traurig, finster, unheilvoll 21 **la sensation** Gefühl

– Guillaume!

Christophe posa Frank à terre.

– Maud, reste là avec les enfants. On va chercher Guillaume. Viens, Émilien!

Nous partîmes en courant et en appelant. Guillaume n'était pas à la cabane ni devant la fourmilière.

– Tu prends à droite, m'ordonna Christophe, retour près de Maud dans dix minutes.

Les dix minutes s'écoulèrent. J'entendais la voix de Christophe qui faisait écho à la mienne.

– Alors? nous demanda Maud.

– Rien.

Maud me sauta presque à la gorge:

– Tu avais besoin de l'emmener? C'est de ta faute!

– Il est mort? demanda Frank paisiblement.

Je me sentais devenir fou.

– On va ratisser le secteur, dit Christophe dont le père est à la gendarmerie nationale, Maud prendra les plus grands avec elle. Moi, je me charge de Frank et Caroline. Émilien, tu vas avec Nini et Vanessa.

Christophe délimita le secteur de chacun et nous fixa la cabane comme point de rendez-vous à cinq heures.

– Passé ce délai, on retourne à Argilly et on appelle la police.

J'acquiesçai. J'étais incapable de la plus petite des initiatives. Nini et Vanessa me prirent par la main.

– On y va?

Je marchai entre elles, j'appelai, complètement cotonneux. Des pensées me traversaient. Il faut prier saint Antoine pour les objets perdus, dit ma grand-mère. Est-ce que ça marche pour les enfants?

– Guillaume! Guillaume!

9 **s'écouler** verstreichen, ablaufen 17 **ratisser qch** etw. durchkämmen, harken 21 **délimiter qch** etwas be-, eingrenzen 23 **le délai** Termin, Frist 24 **acquiescer** zustimmen 27 **cotonneux,se** schlaff, wollig

Saint Antoine, rendez-moi Guillaume. Rendez-le à sa maman qui l'aime, à son papa qui l'adore. Je ne peux pas leur avoir fait ça. Je ne peux pas.

– Guillaume, où es-tu?

Nous avons croisé un promeneur, un panier de champignons passé à son bras.

– Un petit garçon? Oh non!

C'était le genre à vous remonter le moral, ce brave monsieur:

– Par là, c'est les marais. C'est traître. Et puis, dépêchez-vous, il fait vite sombre en forêt. Et avec tous ces rôdeurs …

– Guillaume! Guillaume!

La panique. C'est la panique.

– Tu cours trop vite, halète Vanessa, j'ai un point de côté.

– Tu crois que ça compte, ton point de côté?

Elle se tait. Elle me suit, la respiration de plus en plus courte.

– Guil … Ah!

Il est là. Assis par terre, le pouce dans la bouche et Martin assis à côté de lui: Il a pleuré. Maintenant, il ne pleure plus.

– Ze veux maman!

Il se jette dans mes bras. Oh là là, ce que ça fait mal d'être heureux comme ça!

– Aïe, tu me serres, dit Guillaume.

Cinq heures moins dix. Il ne nous reste plus qu'à courir au point de ralliement et tout en courant, nous crions:

– On l'a! On l'a!

Et Guillaume crie avec nous:

– On l'a! On l'a!

Bientôt, des cris nous répondent:

– Ils l'ont! Ils l'ont!

On se jette les uns sur les autres, on lance Guillaume dans les airs. Hourra! Il y a distribution de pain et de chocolat.

8 **remonter le moral** die Stimmung heben 9 **le marais** Sumpf 9 **traître,esse** heimtückisch, gefährlich 10 **le rôdeur, la rôdeuse** Vagabund 13 **haleter** hecheln 13 **le point de côté** Seitenstich 25 **le point de ralliement** Treffpunkt 32 **la distribution** Verteilung

Le retour est morne, malgré tout. Nous sommes épuisés. Les enfants ont mal aux pieds et regardent avec envie Frank et Guillaume que nous portons sur notre dos.

– Quand Christiane saura que nous avons perdu Guillaume, dit Maud, on va en entendre!

Elle me jette un coup d'œil, espérant bien que je me sente l'unique fautif.

– Elle n'est pas obligée de le savoir, remarque Christophe.

– Les enfants en parleront.

Je lève la main:

– Halte! C'est le pow-wow.

– Quoi?

Vanessa était la seule à savoir que le pow-wow est l'équivalent des réunions d'équipe chez les Indiens. Je fis asseoir les enfants en rond.

– Si vous racontez aux autres que Guillaume s'est perdu, leur expliquai-je, on va avoir des ennuis avec la directrice.

– On le dira pas, promit spontanément Nini.

– Et si on vous demande comment la promenade s'est passée, ajoutai-je, vous répondrez: «C'était super. On a fait une cabane.»

– C'est pas un genre de mensonge? me demanda Frank.

– Heu … si. Mais ce n'est pas un genre grave. C'est plutôt un secret.

Tout le monde parut satisfait et nous repartîmes, plus guillerets. «Un éléphant, ça trompe, ça trompe, un éléphant, ça trompe énormément.»

Nous fîmes une entrée remarquée à Argilly.

La directrice nous attendait depuis une bonne heure et elle nous signala les mines défaites de nos colons.

– On a peut-être un peu trop marché, admit Christophe.

– Mais c'était super! s'écria Nini, on a fait une cabane.

1 **morne** trübe 1 **épuisé,e** erschöpft 2 **avec envie** (f.) neidisch 7 **le fautif, la fautive** der, die Schuldige 24 **guilleret,te** munter, ausgelassen 29 **défait,e** aufgelöst, verzerrt

– Oh, très bien, a dit Christiane, et toi, Guillaume, tu t'es bien amusé?

Guillaume leva vers elle son museau futé:

– Martin s'avait perdu.

J'intervins précipitamment:

– Oui, il a perdu son ours durant la halte mais on l'a retrouvé.

– On a beaucoup cherché, glissa l'infernale Nini.

– Bon, tout le monde sous la douche! s'écria Christophe.

Et «un éléphant, ça trompe, ça trompe ...»

3 **le museau** Schnauze 3 **futé,e** (fam.) pfiffig, verschmitzt

5

La colonie change de visages. Maintenant, je comprends l'intérêt de l'autonomie: c'est qu'on ne s'attache pas aux enfants. Au bout de quinze jours, les parents de Guillaume sont venus le rechercher. C'est vrai qu'il était temps: il pleurait de plus en plus souvent.

– Tiens, Milien, z'en veux plus!

Guillaume me tendait Martin, Martin l'ours qui avait voulu voir la forêt et avait failli y rester.

– Merci, Guillaume.

Dans la cour, j'ai rattrapé ses parents et, discrètement, je leur ai rendu Martin.

Puis le père de Vanessa est arrivé. Depuis le matin, Vanessa campait sur sa valise. Elle attendait Mamie, en révisant fébrilement tout l'anglais qu'elle avait oublié.

– Vanessa, c'est ton papa!

C'est comme un grand coup de torchon sur son visage tourmenté. Une petite fille apparaît, lumineuse.

– Papa!

– Mon poussin!

Mon poussin, mon canard, alors, tu t'es fait des amies? Et Vanessa s'aperçoit que oui. Elle présente Nini et Caroline à son papa. Elle est très fière. Papa aussi.

– Tu sais, papa, j'en ai marre du violon.

– Oui, ma puce. Qu'est-ce que tu dirais du judo?

Ils nous oublient, ils ne me disent même pas au revoir. Ce n'est pas bien grave. Je regarde par la fenêtre Vanessa qui s'éloigne en sautillant sur une marelle imaginaire.

– Nous, on reste, dit Caroline dans mon dos.

2 **s'attacher à qn** jdn lieb gewinnen 8 **avoir failli faire qch** beinahe etwas getan haben 10 **rattraper qn** (fam.) jdn einholen, erwischen 13 **fébrilement** fieberhaft 16 **tourmenté,e** gequält, verstört 23 **en avoir marre de qch** (fam.) von etwas genug haben 27 **sautiller sur qch** über etwas hüpfen 27 **la marelle** Hüpfspiel

L'après-midi, nous avons emmené Frank et sa sœur à Nuits-Saint-Georges. J'étais avec Martine-Marie.

– Combien nous avons?

– 470 F. Pas de quoi faire des folies.

Nous nous étions cotisés pour refaire une garde-robe à Frank. Même Maud avait participé.

La patronne de «Modes de Paris» eut quelque difficulté à comprendre ce que nous voulions.

– Vous achetez des vêtements à un enfant de votre colonie? Mais enfin, c'est aux parents de …

Je toussotai. Martine-Marie entraîna la dame à l'écart. Pendant ce temps, Caroline gardait les yeux baissés et Frank n'osait plus respirer (peut-être par peur de faire sauter le bouton de son short). Après les explications de Martine-Marie, la patronne revint vers nous, l'air tout aussi revêche. Son cœur se trouvait derrière une énorme poitrine, ce qui en rendait l'accès très malaisé.

– J'espère que vous ne vous imaginez pas que vous allez le saper comme un lord à ce prix-là, nous dit-elle en guise de prologue. Remarquez: quand on est pauvre, il ne faut pas prendre des goûts de luxe.

Elle nous sortit donc d'un tas de machins étiquetés «bonnes affaires», un machin bleu turquoise dont elle prétendit que c'était un tee-shirt. Après cela, elle alla pêcher derrière son comptoir une sorte de chose avec deux tuyaux qu'elle désigna sous le nom de «pantalon». Pour finir, elle nous mit sous le nez une paire de tennis d'un bleu marine douteux.

– Vous vous en tirez à 370 F et je vous fais cadeau des chaussettes, nous dit-elle en attrapant deux bouts de tissu grisâtres.

– Merci beaucoup, dit Martine-Marie, les joues en feu, nous, nous vous faisons cadeau du reste …

– C'est trop luxueux, ajoutai-je.

1 **emmener qn** jdn mitnehmen 5 **se cotiser** zusammenlegen 11 **toussoter** hüsteln 15 **revêche** unfreundlich, mürrisch 19 **se saper** (pop.) s'habiller 19 **en guise de** anstatt 22 **le machin** (fam.) Dings(da), Sache 25 **le tuyau** Rohr, Schlauch 29 **le tissu** Stoff

Et nous sortîmes.

C'était un genre de sorcière? s'informa Frank de son ton placide.

À l'hypermarché de Nuits, nous trouvâmes un tee-shirt frappé aux armes de Batman, un short et des tennis noirs. Caroline releva enfin les yeux et admira son petit frère.

En revenant par le car, je me surpris à fredonner: «Il en faut peu pour être heureux, oui, peu pour être heureux.»

Au centre d'Argilly, les «nouveaux» arrivaient. Ceux-là, j'allais les encourager à l'autonomie. Je n'avais pas l'intention de les aimer.

–Émilien! m'appela la directrice, tu peux accueillir …

Elle poussait vers moi deux petites filles en robe rose et vernis noirs.

– Non, non, bégayai-je, je … je …

Des yeux, je cherchais un môme vraiment rebutant, vraiment pas intéressant, celui que tout le monde essaie de se refiler. Mais bien sûr, Martine-Marie m'avait déjà devancé. Elle entraînait François par le bras. Il marchait le corps à demi détourné, les yeux clos.

– C'est l'autiste, me signala Xavier, toujours prêt à coller une étiquette sur un dossier.

Je me résignai à conduire les petites en vernis noirs jusqu'à leur chambre. La maman m'escortait. Elle m'apprit, entre autres merveilles sur ses deux filles, que celles-ci changeaient de chaussettes tous les jours.

– Adélaïde, ne te frotte pas contre le mur, ma chérie. Ségolène, ne te marche pas sur les chaussures.

Puis la maman inspecta la chambre, soulevant les matelas avec circonspection.

– Il n'y a pas de poux?

– Pas à ma connaissance, dis-je.

3 **placide** friedfertig 13 **les vernis noirs** Lackschuhe 18 **refiler qn, qch** passer qch
30 **avec circonspection** (f.) mit Vorsicht

Mais ma tête commençait à me démanger. Je me sentais de plus en plus répugnant. Depuis quand n'avais-je pas changé de chaussettes? La mère des petites sortit alors un chiffon d'un sac en plastique et elle se mit à essuyer chaque planche de l'armoire à vêtements. Pendant ce temps, les fillettes jouaient à se monter sur les pieds et s'étouffaient de rire, tout en me jetant des regards en coulisse.

– Bon, je vous laisse les installer, dis-je.

La maman ne m'entendait pas. Elle astiquait. Je forçai la voix:

– Je vous laisse!

– Hein? Heu, oui, très bien. Où se trouve l'aspirateur?

Je la quittai, très abattu. Quelque chose me disait que nous aurions des ennuis avec ces deux petites mignonnes.

La réunion d'équipe de ce soir-là nous trouva plus exaspérés que jamais. Toute la journée, nous avions fait et défait des valises, fait et défait des literies, dit au revoir à des enfants que nous aimions et bonjour à des enfants que nous n'aimions pas. Le cœur est bien comme une auberge: il a une capacité d'accueil limitée. Nous affichions complet, sauf Martine-Marie qui pourrait à elle seule gérer la péniche de l'Armée du Salut.

– Non mais, vous savez quoi? explosa Bella.

– Non. Quoi?

– J'ai trouvé les deux pimbêches. Adélaïde et je ne sais quoi, en train de manger leur dentifrice à la fraise.

– Ah bon?

– Et elles avaient vidé leur bouteille de shampooing dans une cuvette pour faire un bain moussant à leur poupée.

– Ah oui?

– Et elles ont distribué toutes leurs pastilles au fluor en faisant croire aux autres que c'étaient des bonbons.

1 **démanger** jucken 2 **répugnant,e** abstoßend 9 **astiquer** putzen, polieren 14 **avoir des ennuis** (m.) Unannehmlichkeiten, Probleme haben 21 **gérer** leiten, bewirtschaften 21 **la péniche** Schleppkahn 24 **la pimbêche** das hochnäsige Frauenzimmer 28 **la cuvette** Waschbecken

De toute façon, je savais que nous aurions des ennuis avec ces deux-là. Ce n'était qu'un commencement.

– Qu'est-ce qu'est devenu l'autiste? questionna Xavier d'un ton indolent.

Christiane sauta sur l'occasion de nous servir un sermon:

– Justement, je voulais vous en parler. «L'autiste», comme dit Xavier, s'appelle François, et en tant que personne, il a droit à notre respect. Nous avons accepté d'en prendre la responsabilité, et il faut que cette responsabilité soit partagée. François nous concerne tous.

– Où sont les Figolu? demanda Maud, manifestement décidée à se laisser concerner.

Christiane éclata de rage pour la première fois:

– Il n'est pas question de Figolu! Tu ne penses qu'à toi tout le temps, ta moutarde, tes biscuits, ton robinet d'eau! Quand tu ouvres la bouche, c'est pour parler de toi ou pour réclamer quelque chose.

Personne ne s'attendait à une telle tempête, et surtout pas Maud dont les yeux s'emplirent de larmes.

– Au fait, dit Xavier, on ne t'a pas vue de la journée. C'est trop fatigant de faire un lit?

– Quoi, hurla Maud, mais j'étais avec les enfants! Je leur ai fait faire des marionnettes!

– Oui, je vois, assise sur une chaise, reprit Xavier. «Nini, ça t'ennuierait d'aller me chercher les ciseaux? Caroline, tu peux me trouver la colle?»

C'était si admirablement singé que nous éclatâmes de rire.

– Vous êtes dégueulasses! cria Maud, dégueulasses!

Et elle quitta la salle de réunion. Je me souvins alors de quelqu'un qui avait fait le même genre de sortie, quelques jours plus tôt. Le vent avait tourné, décidément. Mais bizarrement, j'avais la gorge serrée.

4 **indolent,e** gleichgültig 5 **le sermon** Predigt 10 **concerner qn** jdn angehen, betreffen 13 **éclater de rage** vor Wut platzen 18 **la tempête** Sturm 19 **s'emplir de qch** sich mit etwas füllen 27 **singer** nachäffen 28 **dégueulasse** (vulg.) ekelhaft, widerlich

– Pour nous résumer, conclut Christiane, il faut que chacun de nous s'occupe de François.

– On pourrait établir un tour de rôle suggéra Bella.

– Pas facile, marmonna Xavier.

Les choses en restèrent là.

Le lendemain, ce fut Martine-Marie qui habilla François. Je pense que nous étions tous bien trop pudiques pour vêtir le corps disloqué d'un enfant de huit ans. Ce fut aussi Martine-Marie qui servit à François son petit déjeuner. Nous étions sans doute trop bien élevés pour admettre qu'un enfant mange par terre. Puis Martine-Marie s'assit sur le carrelage à côté de François et mangea avec lui. Nous avions trop le sens du ridicule pour nous comporter de cette façon. Quand François fit ses besoins dans son pantalon, nous eûmes tous un mouvement de dégoût bien compréhensible et c'est donc Martine-Marie qui l'emmena sous la douche.

La nouvelle se répandit comme une traînée de poudre parmi les enfants: il y avait un grand qui faisait dans sa culotte.

– C'est lui! C'est lui!

Et ils le montraient du doigt.

– Pourquoi il tourne sur lui comme ça? demanda Nini.

– C'est sa façon de faire, répondit Martine-Marie.

– Il ne parle pas?

– Pas beaucoup.

En réalité, sa conversation se limitait à «uuuu» qu'il disait en hochant la tête de droite à gauche et de gauche à droite. Les plus petits se mirent à en faire autant.

– Il est affreux, décréta Caroline, ne reste pas là, Frank, ou il va te taper.

Je revis Frank, quelques heures plus tard, torse nu et en larmes, mais François n'y était pour rien.

3 **suggérer** vorschlagen 7 **pudique** schamhaft 8 **disloqué,e** ausgerenkt, schlottrig 17 **la traînée de poudre** Pulverspur 17 **se répandre comme une traînée de poudre** sich wie ein Lauffeuer verbreiten 28 **décréter** verordnen, verfügen

– Qu'est-ce que tu as? demandai-je.

– Caro ... bouou ... Caro ... bouou ... line.

– Eh bien, quoi? Où est Caroline?

– Caro ... bouou ...

Caroline était en train de jouer à la marchande avec Nini et une nouvelle. Elle bondit vers nous quand je lui amenai son frère en larmes.

– Mouche ton nez, Frank! Qu'est-ce que tu as fait de ton tee-shirt?

– Bouou ...

Frank finit par nous avouer, sur un ton lamentable, que son tee-shirt avait disparu.

– Quoi?

– C'est Golène qui l'a pris.

Je courus jusqu'à la chambre de Ségolène et Adélaïde. Ces demoiselles faisaient la lessive. Leur maman, qui n'avait que des bonnes idées, avait glissé deux petits savons dans leur trousse de toilette. Les deux sœurs avaient lavé TOUTES leurs affaires et s'étaient ensuite attaquées aux affaires de Frank, allant jusqu'à le déshabiller. Les deux petites accueillirent ma semonce avec une parfaite sérénité. Puis elles s'amusèrent beaucoup à suspendre les vêtements au fil à linge. Elles étaient, bien sûr, trempées de la tête aux pieds. Mais le meilleur restait à venir. Nini accourut vers moi, catastrophée.

– Regarde ce qu'elles ont fait à mon nounours!

Son ours blanc était entièrement enduit d'une crème brunâtre.

– Ils sont tous comme ça! hurla Nini, hystérique, viens, viens voir!

Dix nounours pareillement enduits étaient étalés au soleil sur la prairie.

– Ben oui, dirent Ségolène et Adélaïde, on les fait bronzer.

Leur maman avait également pensé à glisser un tube de crème solaire dans leur trousse de toilette. J'aurais dû me mettre

16 **faire la lessive** Wäsche waschen 21 **la semonce** Verweis, Mahnung 21 **la sérénité** Ruhe, Heiterkeit 26 **enduire** einschmieren 29 **étaler** ausbreiten, auslegen

sérieusement en colère mais la vue des dix nounours en train de faire leur bronzette était à mourir de rire. Je rugis:

– Adélaïde, Ségolène!

Elles ouvrirent des yeux effarés.

– Je ... Si ... si vous recommencez ...

– On recommencera pas, m'assura Ségolène, on n'a plus de crème.

Mais il leur restait du cirage. Un jour, les cheveux de Frank virèrent subitement du blond au noir. Il avait joué au coiffeur avec Ségolène et Adélaïde.

– Caro ... bouou ... line, c'est Golène qui m'a fait un shampooing!

Je pris Frank entre quatre yeux:

– Mais pourquoi tu joues avec ces deux chipies? Tu vas m'expliquer?

– Je sais pas. C'est Golène qui commande.

Le cœur a ses mystères.

Tandis que je me débattais avec les deux «monstresses», Martine-Marie promenait François dans le parc. Elle le changeait deux ou trois fois par jour, elle le nourrissait, elle le protégeait contre les autres enfants. Car ils s'étaient tous ligués contre lui, criant sur son passage:

– Il a fait dans sa culotte, il a fait dans sa culotte!

Dès que Martine-Marie l'abandonnait, les enfants lui jetaient du gravier ou de la terre. Il se recroquevillait et se berçait en geignant. Je chassais les enfants d'un «Vous n'avez pas honte?»

Et j'avais honte. Je ne pouvais rien faire pour François. Rien, pas même lui tendre la main. Il me révulsait. J'appelais Martine-Marie au secours et elle revenait chercher son boulet, un sourire fatigué errant encore sur ses lèvres. Mais un matin, elle me fit signe:

8 **le cirage** Schuhcreme 9 **virer** sich wenden, überwechseln 14 **la chipie** zänkisches Weib, Hausdrache 18 **se débattre avec qn** sich mit jdm herumschlagen 20 **nourrir qn** jdn ernähren 25 **le gravier** Kies 25 **se recroqueviller** zusammenschrumpfen 26 **geindre** stöhnen, jammern 28 **révulser qn** jdn abstoßen

– Je crois que je suis malade, me dit-elle.

Elle avait dû perdre trois ou quatre kilos. Elle était livide.

– Ah bon? Qu'est-ce que tu as?

Elle posa ses mains sur les miennes.

– Mince! Tu as de la fièvre!

– 40°, me répondit-elle avec une pointe de satisfaction.

C'était la grippe.

– Il faut que j'aille me coucher, ajouta Martine, tu t'occuperas de François?

Ce jour-là, ce fut à qui ne s'occuperait pas de François. Nous étions tous débordés-débordés. François ne mangea pas.

Le soir, à la réunion d'équipe, Christiane voulut se lancer dans un de ses sermons:

– Il faut que nous assumions collectivement François. Jusqu'à présent, Martine-Marie s'en occupait beaucoup.

– Tu veux sans doute dire qu'elle s'en occupait tout le temps? lui suggéra Christophe.

Quelques taches rouges marquèrent les joues de notre bien-aimée directrice.

– Heu, oui, dit-elle, mais maintenant, nous avons la responsabilité collective …

– Qui veut s'occuper de François? l'interrompit brutalement Xavier.

Un silence.

– Ce n'est pas ainsi qu'il faut présenter la chose, reprit Christiane, ce n'est pas un problème individuel.

– Nous refusons collectivement de nous en occuper, lui répliqua Xavier, nous en sommes incapables.

Christiane ouvrit la bouche mais rien ne sortit. Ses joues s'enflammèrent.

– Je vais téléphoner à ses parents, murmura-t-elle.

***

2 **livide** blass   14 **assumer qch** übernehmen, auf sich nehmen

Je n'avais pas vu les parents de François quand ils étaient arrivés à la colonie. Une bizarre curiosité me poussa à les attendre, le lendemain, en compagnie de François. Au fond, j'avais envie de voir à quoi ressemblaient les parents d'un enfant comme ça. Je les vis donc descendre de voiture et s'avancer vers moi. Un monsieur très digne d'une cinquantaine d'années et une dame vraiment belle, avec de la bonté jusqu'au fond des yeux. Elle attira doucement François vers elle. D'abord, il se débattit un peu, rentrant la tête dans les épaules. Puis il se calma et se frotta contre elle, de gauche à droite, de droite à gauche, en poussant son geignement. La dame me sourit:

– Il a l'air en bonne forme, me dit-elle.

– Merci de vous en être occupé, me dit le père.

Je voulus protester:

– Nous ... nous n'avons pas réussi ...

– Mais vous avez essayé, murmura la mère, et quelque chose de très doux, très las passa sur son visage.

Le père me tendit la main:

– Merci.

Ils s'éloignèrent.

– Pourquoi tu pleures? me demanda Nini.

– Je ne pleure pas.

– Tu es triste qu'il s'en aille? s'étonna Nini, eh bien, moi, je ne l'aimais pas.

– Moi non plus je ne l'aimais pas, dis-je tout bas, c'est ça qui est triste.

7 **la bonté** Güte 17 **las, se** müde, erschöpft

6

Les enfants sont survoltés. Il n'est plus question que du «festacle», comme dit Adélaïde qui associe ingénieusement «fête» et «spectacle». Le dernier jour du mois d'août verra l'apothéose de notre colonie. Martine-Marie a réussi à sortir de son lit pour mettre au point sa petite démonstration d'expression corporelle. Dans tous les coins du parc, on voit des grenouilles, des lapins et des kangourous. Christophe et Xavier ont monté l'estrade. Bella a prévu de faire du pain perdu pour le goûter. Je me suis proposé pour faire des crêpes mais personne n'a eu l'air d'entendre.

Depuis trois jours, les enfants s'acharnent à finir leurs colliers de perles, leurs cendriers de terre cuite, leurs bonshommes en pâte à sel. C'est qu'ils vont les offrir à maman.

– Moi, ça sera pour Tantine, dit Caroline qui est en train de barbouiller de rouge d'atroces santons de Noël.

Les parents viendront dimanche récupérer leurs enfants et participer à la fête. Le soir, quand les petits en parlent entre eux, ce n'est plus de l'enthousiasme, c'est du délire.

– Et moi, je vais faire quatre colliers pour ma maman, dit Ségolène.

– Et moi, je vais en faire dix! dit Adélaïde.

La pauvre femme ne sait pas ce qui l'attend. Il n'y a en fait qu'une enfant douée à la colonie, une seule véritable artiste. Et c'est Nini. Sur les indications de Bella, elle a fabriqué toute une crêche en pâte à sel. Les enfants viennent voir travailler Nini et elle leur présente ses personnages du bout de son pinceau:

– Alors, là, c'est le bœuf.

– Oh, ce qu'il est beau!

– Là, c'est la Vierge.

1 **survolté,e** (fam.) übergeschnappt 3 **l'apothéose** (f.) Triumph, Höhepunkt 7 **l'estrade** (f.) Bühne 8 **le pain perdu** une sorte de gâteau („Armer Ritter“, Verwertung von altem Weißbrot als Süßspeise) 11 **s'acharner à** sich auf etwas stürzen 12 **la terre cuite** gebrannter Ton 16 **récupérer qn** jdn holen 25 **la crêche** Krippe

– Oh, ce qu'elle est belle!

C'est vrai. Elle a fait quelque chose de magique. Quand elle pétrit ses bonshommes de sel et de farine, elle ne dit plus un mot. Son cœur même fait silence.

– Il faudrait maquiller tous les enfants pour la fête, a suggéré Bella, y compris ceux qui ne font pas le spectacle.

– Ah oui! Déguiser tout le monde! a renchéri Christophe.

Nous travaillons comme des fous. Nous dormons à peine six heures par nuit. Je suis devenu un expert en maquillage. Je transforme des visages d'enfants en museaux de chat, en billes de clown, en papillons, en coccinelles. Martine-Marie et Bella fabriquent à la chaîne des tutus et des fleurs en crépon, Xavier taille des épées, Christophe découpe des boucliers dans des caisses en carton. Le parc se peuple d'elfes, de guerriers, de fées, de princes, de robots et de dragons. Les enfants sont heureux, nous sommes à deux doigts de l'implosion.

– C'est la fête! C'est la fête! clame Frank.

– C'est la fête, c'est la fête, répète mécaniquement Titi.

À l'heure du déjeuner, la directrice a brandi une lettre:

– Vanessa va venir, son papa la conduira!

– Chouette! crient Nini et Caroline.

Christophe a glissé sa lettre quotidienne dans sa poche de chemise:

– Ma mère vient aussi, dit-il en me regardant.

Oh, c'est elle, sa petite amie … Je lui fais un clin d'œil. Martine-Marie me sourit et me montre tous les enfants déguisés pour l'ultime répétition:

– C'est bien, tu ne trouves pas? d'avoir fait tout ça avec nos mains …

J'ai failli ajouter: «et avec notre cœur», mais j'ai eu peur du ridicule.

3 **pétrir** formen 7 **déguiser** verkleiden

Puis il y a eu le dernier soir, la dernière réunion d'équipe, la veillée d'armes pour ainsi dire. Nous n'en pouvions plus.

– Les costumes?

– C'est fait.

On coche.

– Les maquillages?

– Demain, à partir de deux heures.

On coche.

– Le pain perdu?

– J'ai tout ce qu'il faut.

On coche.

– Les jus de fruits?

Un silence.

– Les jus de fruits? répète Christiane, ce n'est pas toi, Maud, qui devais t'en occuper?

– Si, peut-être.

– Et alors?

– J'ai oublié.

Tout le monde sursaute.

– Hein? Quoi?

– Tu devais penser à une chose, UNE chose! crie Bella.

– Mais c'est déjà trop quand on ne pense qu'à soi, dit Christiane trop contente de pouvoir placer son couplet.

Maud la regarde droit dans les yeux:

– Il n'y a plus de Figolu? dit-elle d'une voix qu'elle voudrait arrogante mais qu'on sent près de casser.

C'est le signal de la curée. Ils lui tombent dessus.

– Tu n'as rien fait de la semaine, rien.

– On en a marre de tes airs supérieurs.

– Tu nous prends pour tes larbins?

Martine-Marie verse le tilleul dans les tasses. Ses mains tremblent. Je voudrais dire: «Bon stop, ça suffit.» Je n'y arrive

2 **la veillée d'armes** (f.) (etwa:) die Vorbereitung auf den nächsten Tag 5 **cocher** abhaken 27 **la curée** das Jägerrecht (der Hunde), (Anteil der Beute) 30 **le larbin** (fam.) Diener

pas. Je regarde Maud. Je sais ce qu'elle ressent. Je le sais de l'intérieur.

Elle se lève. Elle ne peut ni parler ni crier. Elle marche jusqu'à la porte, elle chancelle presque, elle s'appuie au chambranle puis elle s'en va. J'entends son pas dans le couloir, son pas sur le gravier de la cour. Elle va monter l'escalier, ouvrir la porte de sa chambre, s'allonger sur son lit. Elle n'allumera pas la lumière, elle ne se déshabillera pas. Elle restera là, seule, jusqu'à ce que les larmes puissent couler.

– Émilien, où tu vas? me demande Christophe.

– Laisse-le, dit Martine-Marie.

– Alors, pour les jus de fruits, dit Bella, comment on fait?

Je m'éloigne. Je traverse la cour, je monte l'escalier, je pousse la porte. Elle est dans le noir.

– Maud?

Un sanglot me répond.

– Maud, je ne suis pas d'accord. Pas d'accord avec eux. Et puis, je voulais te dire, Maud: on n'est pas si différents, tous les deux.

4 **chanceler** taumeln, schwanken 4 **le chambranle** Türrahmen 16 **le sanglot** Schluchzer

987 654 321